MECANISMOS
DE DEFENSA FISCAL BAJO
EL SISTEMA NORMATIVO
MEXICANO

MECANISMOS
DE DEFENSA FISCAL BAJO
EL SISTEMA NORMATIVO
MEXICANO

JOSÉ ANSELMO JUÁREZ MONTER

Número de Control de la Biblioteca del Congreso de EE. UU.:   2014915181
ISBN: Tapa Dura   978-1-4633-9129-4
                       Tapa Blanda   978-1-4633-9131-7
                       Libro Electrónico   978-1-4633-9130-0

Para realizar pedidos de este libro, contacte con:
Palibrio LLC
1663 Liberty Drive
Suite 200
Bloomington, IN 47403
Gratis desde EE. UU. al 877.407.5847
Gratis desde México al 01.800.288.2243
Gratis desde España al 900.866.949
Desde otro país al +1.812.671.9757
Fax: 01.812.355.1576
ventas@palibrio.com
670056

ÍNDICE

DEDICATORIA

A JOSÉ ANSELMO JUÁREZ GARCIA Y CARMEN MONTER
IBARRA. IN MEMORIA MEA SEMPER TU VIVIS.
A LUZ MARIA A QUIEN AMO Y ADMIRO HOY,
MAÑANA Y DESPUES DE LA VIDA.
A MIS HIJOS; JUAN JACOBO Y VICTOR HUGO,
UNA PEQUEÑA MUESTRA DE MI AMOR
A LA MADRE DE MIS HIJOS; LETICIA CON RESPETO
Y ADMIRACION; A MI HERMANO JOSE LUIS, Y
SU HERMOSA FAMILIA; YAZMIN REYNA, LUIS
RODRIGO Y LETY, CON MUCHO CARIÑO.

DEDICO LA PRESENTE OBRA, CON RESPETO, A
TODOS LOS ESTUDIANTES QUE BUSCAN UN
EJEMPLO EN LA APLICACIÓN DEL MÉTODO
CIENTÍFICO A LAS CIENCIAS SOCIALES.

CUMPLIR, ES LA MEJOR DEFENSA…
JUÁREZ MONTER.

¿Pagar impuestos de cualquier tipo?, ¿no pagarlos?, ¿Pagarlos extemporáneamente?, ¿Enfrentar las consecuencias de no hacerlo? ¿Recurrir a opciones legales derivadas de actos de fiscalización? Serían alguna interrogantes que cualquier ciudadano se formula ante la obligación constitucional de cumplir con sus obligaciones fiscales, enmarcadas en un aparente mar de disposiciones que pueden resultar incomprensibles para un gran número de contribuyentes, todo ello en un camino arduo de cumplimiento. Al final por ignorancia, omisión u otras causas ante incumplimiento y coerción por parte de la autoridad, existen alternativas para ejercer una adecuada defensa si los intereses del particular se ven afectados, con razón o no.

El Maestro José Anselmo Juárez Monter desarrolla desde el marco teórico conceptual, un amplio panorama para ilustrarnos sobre los medios de defensa, tema complejo per se y facilitarnos la visión de estos temas mediante una guía empírica, resultado de experiencias laborales en diferentes ámbitos a lo largo de los años. Así mismo involucra la realidad actual y percepción del conglomerado empresarial que con sus opiniones validan de forma sustancial la metodología de la acuciosa investigación realizada.

Sin importar la disciplina, aportar una propuesta es difícil y lo hace de manera clara el Maestro Juárez, al individuo o la empresa; en todo caso es un texto bienvenido para la colectividad.

M. en A. Rafael Rubio Ocejo.

1

Introducción

Cumplir con la Ley y pagar en tiempo y forma las obligaciones tributarias establecidas en la misma, es el mecanismo y/o medio de defensa de mayor eficacia y eficiencia que hoy, ayer y siempre, el contribuyente puede utilizar para ejercer su derecho ante cualquier acto de molestia ejercido por el sujeto activo "El Estado" de cualquier nivel administrativo, incluso, el cumplimiento del precepto normativo en materia fiscal, puede activar índices de rentabilidad no operativa en los sujetos pasivos "Contribuyentes" en virtud de que no distrae activos líquidos en procesos de defensa fiscal, estos, derivados de procesos de molestia fiscal; de forma optativa, podemos identificar dos grandes vías; recurso de revocación y el juicio contencioso administrativo, mismos que desarrollaremos pormenorizadamente.

En este orden de ideas, exponemos nuestra investigación empírica, aplicada a empresas productivas en el Estado de Querétaro, México. Dado el interesante universo de líneas de investigación en materia fiscal, nuestra aportación se centra en explorar aquellos mecanismos o medios que el contribuyente activa; Recursos de revocación, o resolución negativa a los intereses del contribuyente, o el mecanismo por la vía del Juicio contencioso administrativo (juicio de nulidad), sentencia contraria a los intereses del contribuyente vinculado a un amparo directo ante el tribunal colegiado de distrito.

Así, los antecedentes oficiales recientes en materia de Justicia Administrativa, son muy jóvenes en México, "inician el 31 de agosto de 1936...año en el que nace el Tribunal Federal de Justicia Fiscal y Administrativa (TFJFA), en su inicio llamado Tribunal Fiscal de la Federación (TFF), por obra de la Ley de Justicia Fiscal (LJF), misma que fue dictada por el Presidente de la República, General Lázaro Cárdenas del Rio, en uso de sus facultades legislativas extraordinarias otorgadas por el Congreso de la Unión el 30 de diciembre de 1935 para la organización de los servicios públicos hacendarios" Anónimo, (s.f.), actualmente, el perfeccionamiento del sistema tributario mexicano ha evolucionado, a una distancia de 78 años se han creando con ello, diversos organismos de defensa fiscal, como es el caso del Tribunal Federal de Justicia Fiscal y Administrativa o la Procuraduría de Defensa al Contribuyente (PRODECON), no obstante, los actos de injusticia y/o de inconstitucionalidad prevalecen actualmente, así, en dichos actos de la autoridad fiscal, en el ejercicio de sus facultades existe la probabilidad de que se cometan actos de injusticia administrativa, y procedimientos de molestia, y en su caso, dañen el patrimonio del sujeto pasivo.

Así, nuestro objetivo general es identificar los diversos mecanismos de defensa fiscal, que permitan evitar el menoscabo y preservar el patrimonio del sujeto pasivo (contribuyente) inscritos en el marco normativo vigente del sistema tributario Mexicano; para lo cual hemos diseñado los siguientes objetivos específicos; 1) Identificar los mecanismos de defensa fiscal previstos en el marco normativo mexicano, que permitan salvaguardar el patrimonio del sujeto pasivo; 2) Explicar el procedimiento y funcionamiento normativo de los diversos mecanismos de defensa fiscal previstos en las leyes y reglamentarias del sistema tributario mexicano, que eviten el menoscabo del patrimonio del sujeto pasivo; 3) Describir la estructura institucional detonantes de procesos de defensa fiscal, facultades y marco regulatorio en materia fiscal y tributaria; 4)Analizar la estructura doctrinal vigente en materia de defensa fiscal, en tesis, jurisprudencias emitidas por órganos oficiales y colegiados en la materia, que faculten al sujeto pasivo en pos de la salvaguarda de su patrimonio.

En este contexto, la sociedad en general, y el sujetos pasivos, en particular, disponen de un marco jurídico, inscrito en un sistema fiscal y tributario descrito en los Artículos 1°, 4°, 14°, 16°, 17°, 22°, 23° y 31° fracción IV de la Carta Magna, mismos que están prestos a una defensa con legalidad y seguridad jurídica en aras y protección del amparo jurisdiccional, para combatir las arbitrariedades de todas las autoridades fiscales, en contra de la intimidación, los abusos fiscales, las multas excesivas y la confiscación de bienes. El propósito de éste trabajo (en su primera parte), es adentrarnos, en la iusfilosofía, misma que nos permite profundizar en el problema del ser del derecho (ontología); en el problema del conocer (epistemología); en el problema del valor moral de los actos, en éste caso jurídicos, (ético o axiología); en el problema del pensamiento ordenado (lógica), esta es el área de la filosofía que abordará éste trabajo de investigación.

En el terreno del método y sus tratados, orientados en el terreno cuantitativo, es relevante desarrollar, con un sentido lógico y sistemático los elementos básicos en la generación de conocimiento en materia fiscal, encuadrados en la *defensa fiscal* y sus mecanismos, para ello, el identificar las Leyes, reglamentos, códigos, tesis y jurisprudencias implica un análisis horizontal y vertical de dicho marco normativo, los procesos y procedimientos en su actuación y la gestión institucional, así, el abordaje será una investigación no experimental longitudinal en una primera etapa, y concluirá como una investigación transversal. Por lo que la investigación documental será la materia prima, en proceso de la sistematización del conocimiento, y la construcción de instrumentos de recolección de información y su análisis cuantitativo.

Así, nuestra Hipótesis de Investigación (Hi) es construida en los siguientes términos; Si el sujeto pasivo cumple en tiempo y forma con sus obligaciones fiscales, la activación de mecanismos de defensa fiscal, ante actos de molestia injusta, por parte de la autoridad tributaria, no ocasionaran efectos que deterioren el patrimonio del contribuyente.

Sinopsis de contenido

En la primera parte del trabajo se encontrará la problemática que abarca la investigación, que consiste en explorar el marco normativo previsto en nuestro país, para activar mecanismos de defensa fiscal, ante la existencia de actos de molestia prescritos por el Estado, en sus tres niveles de gobierno, así como, la validación cuantitativa de nuestro planteamiento hipotético de investigación.

En la segunda parte se abarcan dentro del marco teórico las siguientes teorías; Institucional-normativa y Defensa administrativa, que ayudarán a fundamentar la forma en que se estudiará los actos de molestia fiscal y sus mecanismos de defensa.

En la tercera parte, desarrollamos el marco metodológico en el que partimos de una investigación, no experimental longitudinal (primera etapa) y transversal (segunda etapa), para lo cual, se utilizó una población de 629 empresas inscritas en el Directorio Empresarial del Estado de Querétaro, y una muestra de 238 empresas de tamaño micro, mediano y gran empresa. La recolección de datos fue realizada a partir de la aplicación de un cuestionario "auto administrado" aplicado por medios electrónicos, en esta primera etapa, así como el diseño y aplicación de entrevista; La interpretación de la información obtenida se realizó a partir del uso de estadística descriptiva e inferencial (MINITAB) resultados que fueron graficados.

Así, en nuestra investigación concluimos que existe correlación entre nuestras variables de estudio (mecanismos de defensa y patrimonio del contribuyente), no obstante, recomendamos realizar una revisión profunda de las variables de estudio a través del agotamiento de su grado de validez y confiabilidad al aplicar instrumentos de medición *"piloto"* que permitan la construcción de definiciones operacionales de mayor precisión científica.

Palabras clave; Mecanismos de defensa fiscal, patrimonio.

2

Planteamiento del problema

Los antecedentes oficiales recientes en materia de *Justicia Administrativa*, "inician en la fecha 31 de agosto de 1936…año en el que nace el Tribunal Federal de Justicia Fiscal y Administrativa (TFJFA), en su inicio llamado Tribunal Fiscal de la Federación (TFF), por obra de la Ley de Justicia Fiscal (LJF), misma que fue dictada por el Presidente de la República, en aquel entonces General Lázaro Cárdenas del Rio, en uso de sus facultades legislativas extraordinarias otorgadas por el Congreso de la Unión el 30 de diciembre de 1935 para la organización de los servicios públicos hacendarios" Anónimo, (s.f.), actualmente, el perfeccionamiento del sistema tributario mexicano ha evolucionado, creando con ello diversos organismos de defensa fiscal, como es el caso del Tribunal Federal de Justicia Fiscal y Administrativa o la Procuraduría de Defensa al Contribuyente (PRODECON), no obstante, los actos de injusticia y/o de inconstitucionalidad prevalecen actualmente, así, en dichos actos de la autoridad fiscal, en el ejercicio de sus facultades existe la probabilidad de que se cometan actos de *injusticia administrativa*, y *procedimientos de molestia*, y en su caso, dañen el patrimonio del sujeto pasivo.[1]

---

[1] En la jerga fiscal, se define como *"sujeto pasivo"* a todo contribuyente, mientras que el *"sujeto activo"* es el beneficiario de dicho tributo, es decir es el Estado, en sus diferentes niveles de gobierno.

El *"cumplimiento de nuestras obligaciones fiscales"*[2] es el principal mecanismo de defensa fiscal que hoy, ayer y mañana activan los sujetos pasivos, ante la actuación que la autoridad fiscal reclama injustamente *derivado,* de su derecho hacendario. Así, Medina, A.(et. al. s.f. pág.1) señala que "Todos tenemos la obligación de contribuir al gasto público por así determinarlo la Constitución Política de los Estados Unidos Mexicanos y por un sentido social de aportar para que se nos devuelva en protección, seguridad, servicios, etcétera; sin embargo generalmente solo nos limitamos al pago de las contribuciones sin conocer su esencia o sus procedimientos, por ello es importante conocer los derechos como contribuyente, las facultades de la autoridad Fiscal y por supuesto los medios de defensa a los que se puede recurrir".[3]

Ante la necesidad financiera que el Estado Mexicano tiene para cumplir con los propósitos y principios fundamentales consagrados en la Constitución Política de los Estados Unidos Mexicanos, la autoridad fiscal, se encuentra en el umbral de cometer actos de injusticia, inequidad e incluso de inconstitucionalidad (poder legislativo) en la implementación de nuevos impuestos (Medina, A. s.f. pág.2); el marco normativo en materia fiscal, prevé los mecanismos que los contribuyentes están facultados para activar ante la presencia de este tipos de actos, por lo que la presente investigación se orienta en la construcción sistematizada de un marco de referencia que permita a los sujetos pasivos ejercer su derecho, evitando con ello el menoscabo y salvaguarda de su patrimonio, así, Medina. A (s.f.) señala lo siguiente"…toda vez que la autoridad opta por ejercer su facultad de cobro al embargar los bienes de las empresas en su totalidad para forzarlas al pago de las contribuciones - o en su caso

---

[2] La presente propuesta de investigación gira en torno al cumplimiento del Art.31 Constitucional, en torno a éste, girará nuestra propuesta de investigación cuantitativa, así como de las Leyes, Reglamentos, Códigos y demás preceptos y principios normativos vigentes en nuestro sistema tributario. La cita es de nuestra autoría.

[3] Conceptualizamos los términos; *Mecanismos y Medios de defensa,* como sinónimos, en el desarrollo de nuestra investigación, no obstante, ofrecemos una definición conceptual y operacional de la definición a lo largo de la disertación que permita dimensionar teórica y empíricamente el uso y aplicación del concepto utilizado como *mecanismos de defensa.*

para adjudicarse el producto de la venta de esos bienes, es por ello que debemos conocer perfectamente los procedimientos para determinar si se aplicaron correctamente, las obligaciones como contribuyente, sus facultades como autoridad, los medios de defensa, conocer los procedimientos para una planeación fiscal y evitar incurrir en infracciones delitos fiscales.

3

Objetivo general

Explorar los diversos mecanismos de defensa fiscal, que permitan evitar el menoscabo y preservar el patrimonio del sujeto pasivo, inscritos, en el marco normativo vigente del sistema tributario Mexicano.

3.1 Objetivos específicos

1. Identificar los mecanismos de defensa fiscal previstos en el marco normativo mexicano, que permitan salvaguardar el patrimonio del sujeto pasivo.
2. Explicar el procedimiento y funcionamiento normativo de los diversos mecanismos de defensa fiscal previstos en las leyes y reglamentarias del sistema tributario mexicano, que eviten el menoscabo del patrimonio del sujeto pasivo.
3. Describir la estructura institucional detonantes de procesos de defensa fiscal, facultades y marco regulatorio en materia fiscal y tributaria.
4. Analizar la estructura doctrinal vigente en materia de defensa fiscal, en tesis, jurisprudencias emitidas por órganos oficiales y colegiados en la materia, que faculte al sujeto pasivo en pos de la salvaguarda de su patrimonio.

4

Preguntas de investigación Científica

1.- ¿Qué mecanismos de defensa fiscal vigentes existen en nuestro país?

2.- ¿Qué leyes, reglamentos y demás instrumentos normativos, establecen la existencia, funcionamiento y procesos de los diversos mecanismos de defensa fiscal vigentes en México?

3.- ¿Qué instituciones oficiales intervienen en la activación de mecanismos de defensa fiscal en nuestro país y que facultades se les confiere en el marco legal que las regula?

4.- ¿Qué resoluciones jurisprudenciales se han sancionado en favor o en contra de la defensa fiscal del sujeto pasivo en México?

5

Justificación

5.1 Social.

La sociedad y en particular los sujetos pasivos, disponen de un marco jurídico, inscrito en un sistema fiscal y tributario descrito en los Artículos 1°, 4°, 14°, 16°[4],17°, 22°, 23° y 31° fracción IV de la Carta Magna, mismos que están prestos a una defensa con legalidad y seguridad jurídica en aras y protección del amparo jurisdiccional, para combatir las arbitrariedades de todas las autoridades fiscales, en contra de la intimidación, los abusos fiscales, las multas excesivas y la confiscación de bienes. El propósito de éste trabajo, (en su primera parte), es adentrarnos,

---

[4] Artículo 16. Nadie puede ser molestado en su persona, familia, domicilio, papeles o posesiones, sino en virtud de mandamiento escrito de la autoridad competente, que funde y motive la causa legal del procedimiento. Podemos decir válidamente que el primer requisito de legalidad de un acto administrativo es estar debidamente *"fundado"* (es decir, señalar la ley, artículo, fracción, párrafo, inciso, etcétera, de manera precisa en que se basa el acto de molestia) y *"motivado"* (expresar las razones del porqué dicha disposición es aplicable en las circunstancias).

en la iusfilosofía[5] puede adentrarnos en el problema del ser del derecho (ontología); en el problema del conocer (epistemología); en el problema del valor moral de los actos, en éste caso jurídicos, (ético o axiología); en el problema del pensamiento ordenado (lógica), esta es el área de la filosofía que abordará éste trabajo de investigación.

5.2 Metodológica.

En el terreno del método y sus tratados, orientados en el terreno cuantitativo, es relevante desarrollar, con un sentido lógico y sistemático los elementos básicos en la generación de conocimiento en materia fiscal, encuadrados en la *Defensa Fiscal y sus mecanismos*, para ello, el identificar las Leyes, reglamentos, códigos, tesis y jurisprudencias implica un análisis horizontal y vertical de dicho marco normativo, los procesos y procedimientos en su actuación y la gestión institucional, así, el abordaje será una investigación no experimental longitudinal en una primera etapa, y concluirá como una investigación transversal. Por lo que la investigación documental será la materia prima, en proceso de la sistematización del conocimiento, y la construcción de instrumentos de recolección de información y su análisis cuantitativo.

---

[5]   Para Trappe, P. (s.f.) la *Iusfilosofía* es la *conexión entre fuerza y derecho cultural,* simbiosis que nos servirá de marco conceptual funcional operativo en nuestra propuesta de investigación, para el caso, desarrollaremos definiciones conceptuales y operacionales provistas de constructos, variables, indicadores e índices.

6

Hipótesis

6.1 Hipótesis de Investigación (Hi)

Si el sujeto pasivo cumple en tiempo y forma con sus obligaciones fiscales, la activación de mecanismos de defensa fiscal, ante actos de molestia injusta, por parte de la autoridad tributaria, no ocasionaran efectos que deterioren el patrimonio del contribuyente.

MATRIZ DE FUNCIONES HIPOTETICAS Y VARIABLES[6]

VARIABLE	Hi X=f(y,i1,i2)	Ho X=f(y,i1,i2)	VARIABLE	Ha X=f(y,i1)
Dependiente (x)	Patrimonio del contribuyente	Patrimonio del contribuyente	Dependiente (x)	Mecanismos de defensa fiscal
Independiente (y)	Cumplimiento de obligaciones fiscales	Cumplimiento de obligaciones fiscales	Independiente (y)	Marco normativo LISR. LIVA,LIETU,IDE
Interviniente (i1)	Actos de molestia de la autoridad fiscal	Actos de molestia de la autoridad fiscal, actos de reserva de Ley.	Interviniente (i1)	Activación ante actos de injusticia y regulación de la autoridad fiscal.
Interviniente (i2)	Mecanismos de defensa fiscal	Mecanismos de defensa fiscal		

Fuente; Elaboración propia; la función de la Hi, Ho y Ha, son funciones lineales, a la que se le asignaran pesos porcentuales específicos y a las que se aplicarán índices de correlación Alfa Conbrach, y pruebas de hipótesis.

---

[6] La familia de planteamientos hipotéticos serán sometidos a prueba, una vez desarrollada la construcción del marco metodológico, y abordaje de investigación.

6.2 Hipótesis nula (Ho);.

Si el sujeto pasivo no cumple en tiempo y forma con sus obligaciones fiscales, la activación de mecanismos de defensa fiscal, ante actos de requerimientos, auditorias, o cualquier acto de reserva de Ley requerido por la autoridad fiscal, ocasionara efectos que deterioren el patrimonio del contribuyente.

6.3 Hipótesis alternativa (Ha)

Los mecanismos de defensa fiscal son acciones previstas por el marco jurídico que permite dar certidumbre al sistema fiscal mexicano.

Matriz de constructos, variables, indicadores e índices[7].

CONSTRUCTO	VARIABLE	DEFINICIÓN CONCEPTUAL	DEFINICIÓN OPERACIONAL	ÍNDICE/ ÍNDICADOR
Obligación fiscal	Pago de impuestos del IVA, ISR.	Obligación tributaria es una obligación *ex legue, cuyo nacimiento requiere dos elementos: uno la existencia de una norma legal que disponga un presupuesto abstracto, general,*	Cumplimiento de las obligaciones fiscales apegado al Código Fiscal de la Federación.	Índice de cumplimento en las obligaciones tributarias

---

[7]   Constructo, para Bunge, M. (1978) lo define como un concepto no observacional por el contrario de los conceptos observacionales o empíricos, ya que los constructos son no empíricos, es decir, no se pueden demostrar. Estos conceptos no son directamente manipulables, igual que lo es algo físico, pero sí son inferibles a través de la conducta. Un constructo es un fenómeno no tangible que a través de un determinado proceso de categorización se convierte en una variable que puede ser medida y estudiada. En la construcción del planteamiento hipotético partimos de la identificación de constructos que nos permitan definir las variables de medición y comprobación del cuerpo hipotético.

		hipotético, que puede producirse en la vida real para que se cree la obligación tributaria; Dos la realización, en la vida real, de ese hecho jurídico contemplado por la Ley.(Hensel)		
Actos de molestia de la autoridad fiscal, reserva de ley.	Invitación, requerimiento, visita domiciliaria, auditoria emitidas por autoridad fiscal	Requerimiento oficial conforme al Código Fiscal de la Federación.	Procedimiento administrativo en requerimientos fiscales	Índice de recaudación hacendaria
Molestia Injusticia fiscal	Requerimientos fiscales girados por autoridad fiscal.	Requerimiento oficial conforme al Código Fiscal de la Federación.	Multas y sanciones	Recaudación no tributaria
Patrimonio	Ingresos, multas, recargos, pago de impuestos del sujeto pasivo	Requerimiento oficial conforme al Código Fiscal de la Federación.	Facturación, emisión de comprobante fiscal	Utilidad después de impuestos y pagos no tributarios
Mecanismos de defensa fiscal	1.-Justicia de ventanilla 2.-Justicia administrativa. Reconsideración administrativa a favor del contribuyente 3.-Medios de defensa de la visita domiciliaria 4.-Recurso de revocación 5.-Impugnación de las revocaciones 6.-Suspensión y garantía en el procedimiento administrativo de ejecución 7.-Procedimiento contencioso administrativo 8.-Juicio de amparo en materia administrativa	1.-Derecho de ventanilla 2.-Contestacion	Multas y recargos	Índice de recaudación no tributaria

7

Capitulo I Marco de referencia

7.1 Marco historico - contextual

7.1.1 Antecedentes históricos de los mecanismos de defensa fiscal

7.1.1.1 Antecedentes históricos de mecanismos de defensa fiscal en México

7.1.1.2 Época prehispánica y colonial.

Miranda, J. (1980) señala que "Durante la época prehispánica la principal forma impositiva estuvo representada por el tributo[8], el cultivo u origen y fundamento en la creación de los oficios y los servicios necesarios para la existencia colectiva". Sin embargo, estos tributos eran pagados en su mayor parte por las clases inferiores o macehuales (clase productora formada por artesanos, labradores y comerciantes), los cuales servían para sostener a las clases dirigentes (gobernantes, sacerdotes y guerreros).

---

[8]   Las cargas tributarias eran de dos tipos: ordinarias y extraordinarias. Las ordinarias podían ser religiosas, prestaciones para el sostenimiento del culto, o civiles, prestaciones para caciques, alcaldes y gobernantes. Mientras que por su parte las extraordinarias se destinaban fundamentalmente para las necesidades colectivas transitorias y para obras publicas.

El tributo lo recibían principalmente los señores feudales, los nobles, las comunidades (compuestas por barrios mayores y menores y cuyo tributo se destinaba al sostenimiento de los magistrados y funcionarios), los templos y la milicia.

El tributo consistía en prestaciones materiales, las cuales dependían de la actividad a la que se dedicara el individuo, y prestaciones personales tales como servicios o trabajo. Éstas tenían carácter fundamentalmente colectivo (es decir por pueblos, barrios o grupos) y eran otorgadas principalmente por los labradores. Entre los principales productos que los labradores daban en tributo se encontraban el maíz, frijol, cacao, algodón y otros productos de la tierra, además de frutos, peces y otros animales. Miranda, J.(1980) señala que, un elemento que no se debe ignorar, es que entre los indígenas nunca existió un sistema tributario uniforme, ya que unas veces se les podía exigir una determinada cantidad y otra diferente, así igual entre comunidades diferentes o similares eran diferentes las cantidades exigidas, al parecer lo único que se consideraba con base en el tributo era la posibilidad de dar lo que se pedía, en este contexto, deducimos que en esta etapa del sistema tributario expuesto, no existen mecanismos de defensa tributario[9]. Al llegar la conquista española el tributo prehispánico no sufrió grandes modificaciones, más bien se fue acomodando a las normas europeas en forma gradual, de tal modo que durante el siglo XVI éste seguiría manteniendo sus principales características consistiendo en prestaciones materiales y servicios, así como conservando los plazos indígenas de ochenta días, medio año, etc. (Miranda, J. 2010)

---

[9]   Miranda, J. (1980) en su obra "El tributo indígena en la Nueva España durante el siglo XVI" no cita fuentes primarias de investigación que sustenten sus afirmaciones, no obstante, son utilizadas en este apartado como punto de partida, al margen de fortalecer dicho apartado enriqueciéndolo haciendo una revisión más profunda y nutrida de esta etapa de nuestra historia fiscal.

Durante la época de la conquista se establecieron nuevos tributos, siendo éstos de dos tipos:

a) Directos; Moneda foránea, capitación que el rey cobraba en reconocimiento de señorío. Aljamas o morerías, capitaciones que pesaban sobre los judíos y los moros en territorio castellano. Fonsadera, contribución para los gastos de guerra que pagaban por la exención militar los obligados a prestarlo. Otros de menos importancia, como los Antares, la hacendera, la anubda y el chapín de la reina.

b) Indirectos; la alcabala, el almojarifazgo, tributo que gravaba las mercancías que pasaban de Castilla a otros reinos o de éstos a Castilla. Los de portazgo, pontazgo y barcaje, y otros más leves, como el montazgo. La asadura, etc.

La alcabala fue una de las figuras más importantes y antiguas de la hacienda de la Nueva España. Ésta se aplicó a partir del año de 1571 y se prolongó hasta los primeros años de vida independiente de México; aún después de la Revoluciónde1910-17 persistían prácticas alcabalatorias por el tránsito de mercancías entre estados de la Federación (Miranda, J. 2010). La alcabala era una renta real que se cobraba sobre el valor de todas las cosas, muebles, inmuebles y semovientes que se vendían o permutaban, es decir, era un impuesto que gravaba todas las transacciones mercantiles y que era trasladable hasta el comprador final, por lo tanto se le considera un impuesto indirecto.

Existían tres sistemas en el cobro de las alcabalas: Administración directa por funcionarios reales. Arrendamiento a particulares.

Encabezamiento por parte de determinados organismos, tales como los ayuntamientos y los consulados de comercios.

Entre los bienes que debían pagar alcabala se encontraban todas las ventas o trueques, no importa si se trata de primera venta, segunda, tercera, etc. Todas y cada una de ellas debía pagarla. Esto nos da una idea de lo injusto de este impuesto para las clases más pobres. Sin embargo, a partir de 1571 se comienzan a otorgar exenciones sobre ciertos artículos de consumo masivo, tales como maíz u otros granos y semillas, así como todas aquellas mercancías cuyo valor global fuera inferior a cierta cantidad. Para el resto de los bienes sí se pagaba alcabala, siendo ésta por lo general de seis por ciento (Miranda, J. 2010).

La alcabala era un pago obligatorio para todo tipo de personas, sin embargo, también existían ciertas excepciones, como lo eran las viudas y huérfanos que trabajaban para su propio sostenimiento, así como los tejedores del partido de Tepeaca, por considerar que éstos eran muy pobres.

A pesar de que existía una tasa fija por concepto de alcabala, en la mayoría de las ocasiones los obrajes estaban concertados, es decir, se pagaba anualmente un monto fijo que reflejaba el valor estimado de la producción anual comercializada.

A partir del bando del 8 de octubre de 1780 la tasa general por concepto de alcabala se elevó al ocho por ciento.

En esta etapa de análisis, es evidente la ausencia de mecanismos de defensa tributaria.

1.2.2 El sistema tributario desde la independencia hasta la revolución.

Los primeros intentos de protección de derechos de los contribuyentes en México se hacen en el denominado "Bando de Hidalgo", promulgado el 6 de diciembre de1810, en el decreto sobre la "contribución directa" publicado por los diputados gaditanos el 13 de septiembre de 1813 y en la "Declaración de los Sentimientos de la Nación" firmada por José María Morelos y Pavón el 14 de septiembre de 1813; documentos que además de ser fundamentales para la construcción de la democracia mexicana son relevantes en materia tributaria al ser parte de sus objetivos erradicar los tributos exorbitantes y establecer un impuesto general, uniforme y proporcional (PRODECON, s.f.pág.4).

A partir de que México logró su independencia ha habido una lucha intensa por obtener el poder, por lo mismo los partidos políticos han recogido los marcos ideológicos existentes y los han transformado en decisiones fiscales que han obedecido a un objetivo determinado en ciertos momentos históricos.

Al lograr México su independencia su sistema hacendario fue en los hechos muy similar al que regía en la Nueva España. De tal forma siguieron funcionando los estancos.[10] Sin embargo, este tipo de imposición favorecía más bien a las clases ricas que a los pobres (la mayoría), debido a que éstos detentaban el poder y no podían ver trastocados sus intereses económicos. Básicamente durante el siglo XIX existieron impuestos que afectaban solamente a ciertas industrias como lo son las de hilados y tejidos, tabacos y alcoholes. En cambio, existieron amplios impuestos que gravaban el comercio exterior y el comercio interior mediante las alcabalas.

Además se puede ver también que México vivió un periodo de gran desorden político, económico y social en esos primeros años de vida independiente, lo cual ocasionaría a su vez un gran desorden fiscal. En 1846 el presidente Valentín Gómez Farías emitió un decreto por el cual ordenó suprimir las alcabalas, debido a que éstas tenían un efecto negativo sobre la industria comercial, agrícola y fabril. A partir de la promulgación de la Constitución de 1857 se estableció en su artículo 124 la supresión de las alcabalas (PRODECON, s.f.pág.9).

Posteriormente la política fiscal juarista tuvo como fundamento introducir reformas paulatinas que fortalecieran la economía del país basada en una Constitución netamente liberal. Entre las principales acciones fiscales realizadas en este periodo se encuentran: transformar el antiguo impuesto del papel sellado en sellos móviles (estampilla), se abolieron las tarifas que encarecieron los artículos extranjeros y se eliminaron los gravámenes sobre exportaciones que dañaban a la producción nacional, con relación a la minería; libre exportación de la plata en pasta, libre exportación de mineral de mineral de piedra y polvillos, recuperación, por el gobierno de la casa de moneda dadas en arrendamiento, supresión de los impuestos a la minería y establecimiento de un impuesto único sobre utilidades mineras.

La implementación del ISR en México como resultado de la influencia de las ideas socialistas nacidas de la Revolución proviene de un lento proceso que se origina en1810.

---

[10] Estancos de tabaco, naipes, pólvora, nive y asientos de gallo, derechos de importación y exportación, alcabalas interiores, producción de casa de moneda, papel sellado, venta de tierra, tributos índicos, derechos de pulquerías, lanzas, anatas de empleos, novenos de diezmos, etc.

No obstante se puede considerar a Matías Romero como el precursor del ISR, argumentando que "una sola contribución directa general, impuesta sobre la propiedad raíz y el capital mobiliario seria más equitativa y produciría más recursos al erario público que las que ahora se cobran"(PRODECON, s.f.pág.15).

Sin embargo, no fue posible implantar el ISR en este periodo debido a que el veto al clero y a la aristocracia semifeudal solo había logrado el fortalecimiento de la pequeña burguesía, y éste por supuesto adoptó el sistema fiscal de acuerdo a sus intereses.

El advenimiento del régimen de Porfirio Díaz llevó a pique las ideas de corte social que se habían engendrado previamente, de tal forma el ministro de Hacienda Ives Limantour optó más bien por una política impositiva de tipo regresiva.

Uno de los principales personajes que abogaron por un sistema fiscal más justo fue Ricardo Flores Magón, quien señalaba que existía una terrible desigualdad entre capital y trabajo, y que ésta era fomentada por el sistema fiscal vigente, por lo tanto se requería gravar al capital e implementar la progresividad en la imposición, ya que de esta forma se lograría abatir la desigualdad en la distribución de la riqueza. Sin embargo, este tipo de sistema fiscal progresivo no sería posible si no hasta algunos años después de terminada la Revolución. De tal forma, durante el gobierno del presidente Plutarco Elías Calles se dio el primer paso en este sentido al adoptar el impuesto sobre la renta (PRODECON, s.f.pág.24).

Durante la Revolución Mexicana no se hizo ningún cambio fundamental al sistema tributario, sino más bien se optó por conllevar el sistema porfirista de tipo regresivo. Tal fue la situación incluso durante el gobierno de Francisco I. Madero. Su ministro de Hacienda se mostró fiel admirador de Limantour y de su sistema impositivo. Sin embargo, la Constitución Política de 1917 representó la síntesis política de la Revolución, al adoptar un tipo de Estado Intervencionista, preocupado por las causas populares y sociales. Pero a pesar de ello todavía existieron problemas, ya que este nuevo sistema fiscal no fue muy adecuado, ya que mantenía aspectos del sistema porfirista y sobre todo gravaba de igual manera a sujetos con diferente capacidad de económica(PRODECON, s.f.pág.45).

1.2.3 El sistema tributario posrevolucionario.

El sistema tributario mexicano se ha caracterizado desde sus inicios por contar con gran número de impuestos, no obstante esto, la efectividad recaudatoria ha sido mínima fundamentalmente por los conflictos internos que habían agobiado al país desde su independencia hasta el final de la revolución Reséndiz, A. (et. al. 1989).

A partir de la revolución de 1910 y su sustento en la Constitución Política de 1917, el sistema tributario se modernizó en gran medida a lo largo del siglo XX. Durante éste se han realizado varias rondas de reformas tributarias, cuyo fin ha sido adaptarlo a las necesidades del país. Con relación a la industria durante el periodo 1917 a 1940 se crearon 28 impuestos (Reséndiz, 1989).

Se desprenden tres conclusiones importantes:

1. Existió un impuesto vertebral que abarca todas las actividades de la industria.
2. Los impuestos específicos solamente afectaron unas cuantas industrias como la del petróleo, azúcar, energía eléctrica, etc.
3. Entre los principales progresos en este periodo se encuentran la supresión de los impuestos a las industrias de hilados y tejidos y de bebidas gaseosas.

En lo que toca al comercio en el periodo previo a 1917 existían muy pocos gravámenes, limitándose exclusivamente a los impuestos sobre importaciones y exportaciones, así como los recargos a las importaciones y exportaciones por vía postal (Servin, A 1964).

Con relación a la agricultura hasta antes de 1917 no existían impuestos en este rubro salvo en caza y buceo y uso y aprovechamiento de aguas federales. Pero a partir de 1917 y hasta 1940 se crearon 10 impuestos de la siguiente forma:

Durante las décadas de 1940 y 1950 se vieron claros indicios de que el sistema tributario mexicano presentaba problemas, fundamentalmente porque los ingresos tributarios eran muy bajos y de hecho se encontraban muy por debajo del nivel de otros países de similar desarrollo y estructura económica, como Cuba, Chile, Ecuador y Venezuela con 14%, 17%, 20% y 23% respectivamente de ingresos tributarios respecto al total.

En el periodo 1944-48 la captación por ingresos ordinarios con respecto al ingreso nacional fueron del 6.6%, sin embargo durante este periodo el factor común fue el estancamiento de los ingresos tributarios respecto a los ingresos totales. Por lo tanto se hizo necesario en los años de 1948 y 49 realizar diversas reformas fiscales, a fin de lograr mayor progresividad y equidad al sistema fiscal. Entre las principales reformas adoptadas en este periodo se encuentran:

Sustitución de impuestos del timbre por el ingreso mercantil. Modificaciones al impuesto sobre la renta creación del impuesto sobre utilidades y de la sobretasa adicional del 15% sobre exportaciones.

Como resultado de lo anterior se logró que en 1952 los ingresos per cápita del gobierno federal fueran de 182 pesos, sin embargo para el año siguiente estos se redujeron a 159 pesos. Por su parte, los negocios con ingresos anuales entre 100 mil y 499 mil pesos pagaron en promedio 4.0% de sus ingresos en impuestos, las empresas entre 500 mil y un millón pagaron 4.2% y las empresas con más de un millón de pesos pagaron el l8.6% (Reséndiz. 1989).

Este periodo se caracterizó por que los ingresos tributarios en su gran mayoría (78%) correspondían a impuestos indirectos, mientras que tan solo los impuestos directos representaron el 22%. Esto nos da una idea de lo poco equitativo de esta estructura fiscal, ya que los grupos de menores ingresos contribuyeron en gran medida a la carga fiscal vía impuestos indirectos (Martinez, I. 1964, pág.85).

Durante el periodo 1955-72, se pretendió adaptar el sistema impositivo de acuerdo a las necesidades de industrialización del país. Para tal efecto se sustituyeron gran cantidad de impuestos sobre la producción y ventas por un impuesto sobre ingresos mercantiles, así como modificar el ISR, estableciendo cierto gravamen de acuerdo al ingreso total, sin importar su fuente, además se establecieron regímenes especiales sobre ciertos sectores. Entre los principales cambios realizados al sistema tributario durante el sexenio de Luis Echeverría se encuentran medidas que pretendían perfeccionar la integración de la base del ISR empresarial así como la elevación de la tasa del ISR personal, gravando con 50 porciento los ingresos anuales superiores a150 mil pesos. Además se elevó la tasa del Impuesto Federal sobre Ingresos mercantiles, se incrementó la tasa que afecta a los ingresos de Pemex y se creó un nuevo impuesto para el consumo de gasolina; así mismo se incrementó la tasa de los impuestos especiales.

En el periodo 1978-81 se realizo una segunda ronda de reformas tributarias, cuyo principal objetivo fue combatir los efectos distributivos adversos de la inflación, además de reducir las distorsiones implicadas por el efecto cascada del ingreso mercantil (Tello, A. 180, pag.28)

Entre las principales reformas de esta época se encuentran:

1. Impuesto sobre la renta Revisión del esquema impositivo para corregir en el impuesto sobre la renta de personas físicas los efectos de la inflación y algunos de los sesgos regresivos pertenecientes a la reforma anterior.
2. Revisión de los impuestos sobre ganancias de capital, reconociendo su carácter no recuperable y gravando sólo su impacto sobre el ingreso permanente. Asimismo, se ajustaron el valor y las reinversiones en activos para tener en consideración los aumentos generales de precios.
3. Introducción del Impuesto al Valor Agregado y eliminación del Impuesto sobre Ventas, 400 impuestos municipales y estatales30 impuestos específicos de carácter federal.

Una visión contemporánea del sistema de defensa fiscal hacia el sujeto pasivo.

Hoy día en México contamos incluso con una Ley Federal de los Derechos de los Contribuyentes, publicada en el Diario Oficial de la Federación el 23 de junio de 2005, en la que se enlistan de manera enunciativa las prerrogativas que tiene el sujeto pasivo frente a la autoridad tributaria sin desconocer por ello ni invalidar los derechos y garantías ya sancionados en diversas leyes fiscales, como lo es el Código Fiscal de la Federación; así como todos los derechos fundamentales, sustantivos y procedimentales que se consagran en el texto constitucional para los gobernados.

Pero la reforma más significativa, no sólo de la materia tributaria sino de todo el sistema jurídico mexicano, es la publicada en el Diario Oficial de la Federación el pasado 10 de junio de 2011, a través de la cual se realizaron diversas modificaciones a nuestra Carta Magna en materia de Derechos Humanos recogiendo diversos criterios jurisprudenciales, recomendaciones de organismos protectores nacionales e internacionales, disposiciones normativas de tratados y convenciones y criterios de aplicación e interpretación a nivel internacional. A través de su Ley Orgánica el legislador le otorgó al nuevo organismo autónomo (PRODECON), entre otras, la trascendente atribución de "...conocer e investigar de las quejas de los contribuyentes afectados por los actos de las autoridades fiscales federales por presuntas violaciones a sus derechos...y, en su caso, formular recomendaciones públicas no vinculatorias, respecto a la legalidad de los actos de dichas autoridades."[11]

De conformidad con el artículo 102 apartado B de la Constitución Política de los Estados Unidos mexicanos los organismos de protección de derechos fundamentales, son aquéllos que conocen de quejas en contra de actos u omisiones de naturaleza administrativa provenientes de cualquier autoridad que violen estos derechos. El mismo artículo en su segundo párrafo también señala que estos organismos estarán facultados para emitir Recomendaciones (PRODECON, s.f. pág., 8).Por ello, la Procuraduría de la Defensa del Contribuyente fue estructurada como un defensor no jurisdiccional de derechos fundamentales, es decir, como un ombudsman fiscal. Acorde con las características de los defensores de derechos, la PRODECON es un complemento de los órganos jurisdiccionales en su tarea de administración de justicia, la figura de dicha Procuraduría respeta la división de poderes y la independencia de los juzgadores. Su función es propia de un interlocutor especializado en la materia fiscal que busca proteger la dignidad de los pagadores de impuestos al ser un intermediario entre el contribuyente y la autoridad fiscal.

Sus recomendaciones en sí mismas no son coercitivas para las autoridades a las que se les emiten; no podrán anular, modificar o dejar sin efecto las resoluciones o actos contra los cuales se hubiesen presentado las quejas o reclamaciones y deberán señalar de forma puntual las medidas correctivas concretas que deberá adoptar la autoridad infractora

---

[11] Artículo 5, fracción III de la Ley Orgánica de la Procuraduría de la Defensa del Contribuyente

para restituir en sus derechos fundamentales al gobernado o gobernados afectados. Es decir, será la propia autoridad involucrada la que debe corregir, depurar, modificar o cancelar el acto o actos materia de la *recomendación* por respeto a los principios más fundamentales del Estado de Derecho[12] y en atención a la recomendación de la Procuraduría.

Las *recomendaciones* carecen de mecanismos para hacerlas exigibles, sin embargo, no por ello debemos considerarlas un simple exhorto, petición o ruego a la autoridad responsable, la experiencia en diversos países e incluso en México con las recomendaciones que ha emitido el ombudsman nacional, ha demostrado que su eficacia se apoya en el respeto y el señalamiento público de un acto que transgrede los derechos de los gobernados (Reséndiz, A.1989).

Esta falta de coercitividad resulta en cierta medida un punto de fortaleza. Si las recomendaciones fueran obligatorias para las autoridades, los defensores no jurisdiccionales de derechos, pero sobretodo los gobernados que acuden a quejarse ante los mismos, deberían cumplir con las formalidades de un proceso en sentido estricto, con las dificultades y especialización que implica, por ejemplo la duración del proceso y el costo del patrocinio legal para acudir al mismo.

La publicidad es el elemento clave de las recomendaciones. La PRODECON como un organismo especializado con actuaciones de alto nivel técnico y profesional, tiene la obligación de difundir y poner al alcance de cualquier interesado las recomendaciones que emite y que derivan de sus procedimientos de investigación y análisis. Esta publicidad persigue el objetivo de obtener el concurso y consenso de la sociedad y la opinión pública. En las sociedades modernas la multiplicidad de medios de comunicación, las opiniones de sectores ilustrados y las diversas formas de expresión de los ciudadanos inciden para que las autoridades destinatarias lleguen a aceptar los postulados propuestos

---

[12]   Por Estado de Derecho se entiende "…aquél Estado cuyos diversos órganos e individuos miembros se encuentran regidos por el Derecho y sometidos al mismo, esto es, Estado de derecho alude a aquél cuyo poder y actividad están regulados y controlados por el derecho.

en las recomendaciones, los acaten y mejoren la actuación y prácticas administrativas en beneficio de los gobernados y de sus derechos.

Las recomendaciones se convierten así en instrumentos jurídicos que contienen casos paradigmáticos que sirven de apoyo para edificar una nueva cultura en materia de derechos fundamentales de los contribuyentes.

Prueba inequívoca de la fuerza moral con la que cuentan las recomendaciones para modificar el statu quo en Estados democráticos como el nuestro, es la propia reforma constitucional en materia de derechos humanos publicada en el Diario Oficial de la Federación el 10 de junio de 2011, la cual respondió en gran medida a las recomendaciones del Alto Comisionado de la Organización de las Naciones Unidas para México como resultado del Diagnóstico sobre la situación de los Derechos Humanos realizado en nuestro país.

Mediante dicho documento se recomendó "incorporar el concepto de derechos humanos como eje fundamental de la misma (Constitución federal), y reconocer a los tratados de derechos humanos una jerarquía superior a los ordenamientos federales y locales, con el señalamiento expreso de que todos los poderes públicos se someterán a dicho orden internacional cuando éste confiera mayor protección a las personas que la Constitución o los ordenamientos derivados de ella"[13].

Las recomendaciones del ombudsman fiscal mexicano constituyen así uno de los más importantes instrumentos en la tutela de los derechos fundamentales, pues se trata de documentos que ponen en evidencia a las autoridades fiscales cuando han incurrido en vulneración de tales derechos.

---

[13]   Oficina del Alto Comisionado de las Naciones Unidas. Diagnóstico sobre la situación de los derechos humanos en México. Ed. Aedos, Mexico,2003, pág.7.

8

Capítulo II Marco teórico

8.1 ¿Qué es un mecanismo de defensa fiscal y que tipos existen?

8.1.1 Definición conceptual, una aproximación.

Carrillo, L. (2007) señala que los Mecanismos de Defensa "...son aquellos medios de defensa de los particulares para rebatir ante la misma autoridad administrativa los actos o resoluciones dictados por ella y que les provocan perjuicio: A) Por la aplicación indebida de la ley B) Por la no aplicación C) Por arbitrariedades".

Permite corregir a la autoridad errores administrativos, sin que otras personas se percaten de ellos.

8.1.1.1 Ventajas para el sujeto activo, el Estado.

Proporciona a la autoridad un conocimiento pleno de las fallas de leyes y procedimientos administrativos se evita saturar de trabajo a tribunales administrativos el particular puede beneficiarse con una resolución justa no necesariamente apegada a derecho. Las instancias se resuelven en principio en forma más rápida es un instrumento eficaz de las autoridades para el control de legalidad, evita un conflicto sin entrar en tecnicismos legales.

8.1.1.2 Desventajas de los recursos

Se da la razón de nueva cuenta a la autoridad administrativa

Muchas veces, la autoridad no resuelve porque se percata de que tiene la razón el recurrente.

Puede ser riesgoso su agotamiento porque se requiere de un mínimo de tecnicismos.

8.1.1.3 Principios de los recursos

A) Legalidad. El interés público siempre prevalecerá sobre el del promovente:
B) De impulsión oficiosa. Basta la presentación del escrito para que su tramitación sea expedita.
C) De instrucción. Puede aportar la autoridad revisora medios de prueba y obtenerlos.

Principios (continuación)

D) De verdad material. Debe prevalece la realidad y la justicia aunque el promoverte del recurso no la demuestre.
E) De informalidad: Principio basado en que no se pueden exigir formalidades exageradas.
F) De definitividad. No puede ser alterado de oficio por la autoridad que lo dictó sino que tiene que impugnarse para poder dejarlo sin efectos o alterarlo.

Reglas comunes a los oficios

1. Carácter operativo.
   El particular tiene la facultad de combatir el acto administrativo o consentirlo.

2. Agotamiento obligatorio.
   Esto indica que debe promoverse en contra de un acto de la administración que afecte al gobernado antes de interponer una demanda ante el Tribunal Administrativo

3. Ausencia de formalidades

En principio carece de formalidades para hacerse accesible.

4. Sustento legal.

Los recursos deben preverse en ley para que existan.

5. Su función de control.

Logran que los actos de autoridad se apeguen a la legalidad.

Procedimiento normativo de los mecanismos de defensa fiscal previstos en las leyes y reglamentos del sistema fiscal mexicano.

8.1.2 Requisitos de fondo y de forma de los recursos

1) Garantía de audiencia. Antes del acto de molestia, el interesado debe ser oído.
2) Formalidades esenciales. Debe cumplirlas, según la ley que los regule.
3) Que la autoridad que conozca del recurso le brinda al recurrente la oportunidad de alegar y exponer argumentos que tiendan a desvirtuar la resolución o acto combatidos.

Requisitos de fondo y de forma

4) Que el gobernado cuente con plazos y formas para ofrecer pruebas
5) Que el procedimiento se ajuste a la ley
6) Que se resuelva conforme a derecho.

8.1.3 Medios de defensa de la visita domiciliaria

8.1.3.1 Visita domiciliaria etapas

A) Emisión de la orden de visita
B) Entrega de la orden de visita
C) Acta de inicio
D) Actas parciales
E) Actas complementarias
F) Última acta parcial
G) Acta finales

8.1.3.2 La orden de visita

Requisitos:(Arts.38y43delC.F.F.)

1.- Constar por escrito en documento impreso o digital
2.- Señalar lugar y fecha de emisión
2.- Señalar la autoridad que lo emite
3.- Estar fundado y motivado.
4.- Expresar la resolución, objeto o propósito de que se trate.
5.- Nombre impreso del visitado.
6.- Ostentar la firma del funcionario competente o su firma electrónica avanzada.
7.- Lugar donde deberá efectuarse la visita
8.- Nombre de los visitadores

8.1.3.3 Inicio de la visita domiciliaria

* La visita se llevará a cabo en el lugar señalado en la orden de visita.
* Entrega de la orden de visita
* Cambio de domicilio formulado por el contribuyente
* Aseguramiento de la contabilidad
* Aseguramiento de bienes o mercancías

Art. 46.
* Visita realizada simultáneamente en dos o más lugares. Se deberán levantar actas parciales en cada uno de ellos, las cuales se agregaran al acta final levantada en cualquiera de dichos lugares.
* En cada lugar se requerirá la designación de testigos.

8.1.3.4 Obligaciones de los visitados

Art.45
Permitirá los visitadores el acceso al lugar de la visita mantener a su disposición la contabilidad y demás documentación fiscal objeto de la visita.

8.1.3.5 Aseguramiento de la contabilidad

Art.46

- Se podrá asegurar la correspondencia o bienes que no estén registrados en la contabilidad.
- Medios de aseguramiento: sellos o marcas en los bienes, documentos, muebles, archivero su oficinas en donde se encuentren.
- Se pueden dejar en calidad de depósito previo inventario.
- No se debe impedir la actividad del visitado.

8.1.3.6 Medios de defensa en Materia fiscal

- Recurso de revocación
- Juicio de nulidad
- Juicio de amparo

Origen de las resoluciones en materia fiscal

- visita auditoria
- revisión dictamen
- revisión gabinete compulsa
- procedimiento en materia aduanera

Compulsa (art. 34) o Devolución (art. 22), procedimiento administrativo de ejecución liquidación resolución negativa acto ilegal de ejecución, presunción de validez (art. 68 CFF y 42 LFPCA) medios de defensa, liquidación o resolución negativa, o acto ilegal de ejecución, Recurso de revocación (SAT) Amparo Indirecto, Juicio de nulidad (TFJFA) Amparo Directo (TCC) Revisión fiscal (TCC) Revisión (TCC O SCJN) Revisión (SCJN) (Solo constitucionalidad) (Juzgados de DTO)

- reconsideración
- justicia de ventanilla
- condonación multas y recargos

Ley tributaria inconstitucional; Amparo indirecto (juzgados de DTO) Revisión (TCC O SCJN).

Actos definitivos

- Resoluciones o liquidaciones del IMSS e INFONAVIT
- Resoluciones en las que se liquiden impuestos y accesorios (en materia de impuestos federales o comercio exterior)
- Consultas

Actos consentidos serán aquellos contra los que no se procede la interposición del recurso de revocación o la demanda de nulidad.

Recursos administrativos

- De revocación (art. 116 código fiscal de la federación)
- De revocación (art. 94 ley de comercio exterior) Recurso de revocación CFF
- procede contra resoluciones definitivas dictadas por

Autoridades fiscales federales que:

A) determinen contribuciones, accesorios o aprovechamientos.
B) nieguen la devolución de cantidades que procedan conforme a ley.
C) dicten las autoridades aduaneras.
D) cualquier resolución de carácter definitivo que cause agravio al particular salvo aquellas a que se refieren los artículos 33-a (procedimiento aclaración administrativa), 36 (resoluciones favorables a particulares) y 74 (solicitud de condonación de multas).

Recurso de revocación CFF

- procede contra resoluciones definitivas dictadas por autoridades fiscales federales que:

A) exijan el pago de créditos fiscales.
B) se dicte en el procedimiento administrativo de ejecución.
C) afecten el interés jurídico de terceros.
D) determinen el valor de los bienes embargados (inconformidad en contra de la valuación).

Presentación del recurso de revocación

- Su presentación es optativa antes de acudir al TFJFA.
- El plazo para su presentación es de 45 días siguientes a la fecha en que haya surtido efectos la notificación.

Autoridad ante quien se presenta

- Administraciones locales jurídicas
- Administración de grandes contribuyentes
- deberá enviarse a la autoridad competente por razón del domicilio del contribuyente o ante la que emitió o ejecutó el acto.
- podrá remitirse por correo certificado con acuse de recibo siempre que el envío se efectúe desde el lugar en que resida el recurrente.

Requisitos del recurso

i) constar por escrito
ii) señalar nombre, denominación o razón social, domicilio fiscal y clave del registro federal de contribuyentes.
iii) la autoridad a la que se dirige.
iv) domicilio para oír y recibir notificaciones y el nombre de la persona

Autorizada para recibirlas.

v) la resolución o acto que se impugna.
vi) los agravios que le cause la resolución del acto impugnado.
vii) las pruebas y los hechos controvertidos.

Anexos al recurso

A) documentos con que se acredite su personalidad cuando se actúe a nombre de otro o de personas morales.
B) el documento en que conste el acto impugnado.
C) constancia de notificación del acto impugnado, salvo que el promoverte declare bajo protesta de decir verdad que no recibió constancia o cuando la notificación se haya practicado por correo

certificado con acuse de recibo o se trate de negativa ficta. Si la notificación fue por edictos deberá señalarse la fecha de la última publicación y el órgano en que ésta se hizo.

D) las pruebas documentales que ofrezca y el dictamen pericial. Resolución al recurso

(Artículo 133 del CFF)

- desecharlo o sobreseerlo.
- confirmar el acto.
- reponer el procedimiento.
- dejar sin efectos el acto.
- modificar el acto. Recurso de revocación Ley de comercio exterior
- procede en contra de las siguientes resoluciones:

  – Marcado de país de origen, nieguen permisos previos o cupos de exportación o importación.
  – En materia de comercio; abandonen o desechen la solicitud de inicio de investigación en materia de prácticas desleales de comercio Internacional y de medidas de salvaguarda; que concluyan la investigación sin imponer cuota compensatoria, que determinen cuotas compensatorias los actos que las apliquen, por las que se pronuncie respecto si la mercancía está sujeta a cuota compensatoria.

El recurso de revocación establecido en la ley de comercio exterior procede en contra de las siguientes resoluciones:

– que declaren concluida la investigación derivado de una audiencia conciliatoria.
– que desechen o concluyan la solicitud de revisión de cuotas compensatorias definitivas.
– que confirmen, modifiquen o revoquen cuotas compensatorias definitivas.
– que declaren concluida o terminada la investigación por existir compromiso de exportador o gobierno interesado.
– que impongan sanciones previstas en ley de comercio exterior. Las particularidades tienen por objeto revocar, modificar o confirmar

resolución impugnada; Se tramitará conforme a lo dispuesto por el CFF; las resoluciones a los recursos son definitivas e impugnables ante sala superior del TFJFA.

- las resoluciones no recurridas dentro del término previsto en CFF se tendrán por consentidas y no podrán ser impugnadas ante el TFJFA.

El juicio de nulidad

Diferencias con recursos
  A) se tramita ante un órgano jurisdiccional (TFJFA) y no ante la propia autoridad.
  B) es un medio de defensa formal.
  C) sólo abogados registrados en el TFJFA pueden intervenir en el juicio.
  D) pueden hacerse valer todo tipo de argumentos, incluso los no planteados en el recurso y también los de constitucionalidad (jurisprudencia).
  E) lo regulan:

  - ley federal para el procedimiento contencioso administrativo.
  - ley orgánica del tribunal fiscal de la federación.

Tribunal Federal de Justicia Fiscal y Administrativa (TFJFA; Organización); Sala superior; Pleno; (11 magistrados) Secciones (2); (5 magistrados c/u)

- Salas Regionales; (3 magistrados) Competencia TFJFA; Sala superior; Salas regionales en toda la república.
- en principio, el domicilio fiscal define la competencia de las salas.
- la jurisdicción de las salas regionales metropolitanas abarca el Distrito Federal y el estado de Morelos.

* cada sala regional se compone de tres magistrados. Procedencia del juicio de Nulidad.

A) contra actos que determinen obligaciones en materia de contribuciones federales, seguro social, INFONAVIT, comercio exterior.
B) se fije obligación en cantidad líquida;
C) se den las bases para su liquidación;
D) nieguen devoluciones o impongan multas administrativas;
E) resuelvan recursos administrativos, y
F) decretos que por su sola entrada en vigor causen un perjuicio al particular en materia de legalidad.

Partes en el juicio;
– actor o demandante
– demandados:

A) quien dictó el acto
B) particular a quien favorezca el acto impugnado

– titular de la dependencia o entidad a quien se subordine la demanda;
– SHCP puede en juicios fiscales
– tercero c/derecho incompatible

Requisitos de la demanda

• presentar en plazo (45 días)
• señalar nombre, domicilio fiscal y para notificaciones;
• señalar resolución impugnada.
• señalar autoridades demandadas, nombre domicilio del demandado cuando sea particular.
• señalar los hechos.
• señalar las pruebas que ofrezca.
• Si hay pericial o testimonial, precisar hechos, nombres y domicilio de perito y testigo.

8.1.3.7 • Conceptos de impugnación (desecha)

• Nombre y domicilio del tercero*

* Prevención 5 días

Anexos a la demanda

- copia para partes y copia de pruebas para el titular o particular demandado
- poder, datos registro poder ante TFJFA o personalidad reconocida en acto impugnado
- Acto impugnado o copia de la instancia no resuelta
- Acta de notificación (si no, bajo protesta)
- Cuestionario del perito firmado
- Interrogatorio de testigos firmado
- Pruebas documentales que ofrezca
- Expediente administrativo del que deriva la resolución

Pruebas

- Se admiten todas, salvo confesión autoridad

Mediante absolución de posiciones

- Supervenientes hasta antes de sentencia
- Pericial:

  A) auto de contestación -10 días aceptar cargo
  B) una vez se puede sustituir perito
  C) fija término para desahogar dictamen (15 días hábiles)
  C) perito tercero designado por la sala

- Testimonial: Pruebas
- Autoridades obligadas a expedir copias

Certificadas de pruebas

- Si no el TFJFA requiere, so pena de tener por ciertos los hechos a probar
- Prueba plena: confesión expresa, presunción iuris et e iure, hechos afirmados en documento público
- Prueba testimonial y pericial: libre valoración por la sala

Medidas cautelares

- Objetivo: mantener la situación de hecho existente para mantener el litigio.
- Contra daños irreparables al actor
- Contra actos que puedan afectar patrimonialmente al actor
- Suspensión del PAE

  - cuando la autoridad ejecutora niegue suspensión
  - se rechace la garantía ofrecida
  - se reinicie la ejecución

- Obligación de garantizar el interés fiscal cierre instrucción y sentencia
- cierre instrucción:
  - 10 días después de substanciado el juicio
- Alegatos:
  - cerrada instrucción 5 días para presentarlos
- Sentencia:
  - 60 días del cierre de instrucción
  - exhaustividad
  - debidamente fundada y motivada
- Efectos
  - reconocen validez, declarar nulidad lisa y llana, declarar nulidad para efectos, reconocen derechos y obligaciones
- Cumplimiento
  - debe cumplirse en 4 meses de que quede firme

Competencia sala superior

- Competencia originaria:
  - asuntos relacionados con artículo 94 ley de comercio exterior
- Atracción:
  - cuantía (3500 SMDDF elevado al año)
  - interpretación primera de ley o elementos de contribución
  - petición debe hacerse 3 meses antes del cierre
  - cerrada instrucción debe remitirse

Recursos contra sentencias

- Recursos:
  - queja: indebida repetición de la resolución

Exceso o defecto en su cumplimiento (15 días)

- aclaración sentencia (10 días)
- reclamación: admite, desecha, demanda, Contestación, ampliación o sobreseen (15 días)
- revisión fiscal (autoridades) (15 días)
- amparo (15 días) Juicio de amparo

- amparo indirecto ⇨ juzgado de distrito

Amparo directo ⇨ tribunal colegiado

De circuito

- Directo

Juicio de amparo

Plazos

15 días vs. Sentencias o laudos

- Indirecto

- 15 días leyes heteroaplicativas

- Actos definitivos.
- Pago (auto aplicación)
- Cualquier acto de autoridad

- 30 días leyes auto aplicativas

Amparo indirecto
Procedencia

- leyes federales, tratados, reglamentos, decretos o acuerdos por su entrada en vigor o acto de aplicación
- Actos de autoridad administrativa - si derivan de procedimiento sólo proceden contra resolución definitiva
- actos de tribunales fuera de juicio
- actos de imposible reparación dentro de juicio
- actos contra personas extrañas, si no hay recurso

Amparo indirecto Requisitos de la demanda por escrito
- firmada
- nombre y domicilio del quejoso y de su representante
- nombre y domicilio del tercero perjudicado
- autoridades responsables
- actos reclamados
- hechos que constituyen antecedentes
- preceptos constitucionales violados
- conceptos de violación

Exhibir copia para autoridades, tercero perjudicado, ministerio público, 2 para incidente suspensión

Amparo indirecto
Pruebas

- todas de admiten
- antes de la audiencia (incidental y constitucional)
- Testimonial o pericial - anunciarla 5 días antes de la audiencia, exhibiendo cuestionario e interrogatorio
- reglas para documentos por autoridades

Amparo indirecto
Suspensión

- oficio
- deportación, destierro
- Actos prohibidos por el 22 constitucional
- Actos de imposible reparación

- a petición de parte
- Que la solicite agraviado
- Que no siga perjuicio al interés social
- Que no sea contraria al orden público
- Que sean de difícil reparación los daños

- reglas de garantía y audiencias

Juicio de amparo directo
Procedencia

- En contra de sentencias definitivas del TFJFA.
- Ante el tribunal colegiado de circuito (3 magistrados) (Materia administrativa)
- procede vs. violación de garantías (Artículos 14 y 16 de la CPEUM)
- Auténtico juicio (no recurso)
- Resoluciones son definitivas salvo constitucionalidad leyes o reglamentos.

Jurisprudencia

- Jurisprudencia del poder judicial de la Federación
- Jurisprudencia del tribunal federal de Justicia fiscal y administrativa Jurisprudencia poder Judicial de la federación
- Interpretación sistemática y reiterada de la ley
- SCJN funcionando en pleno o en salas Tribunales colegiados de circuito
- Se integra con cinco ejecutorias ininterrumpidas por ninguna en contrario, o por contradicción de tesis
- Obligatoria para el órgano que la emite y para los órganos inferiores jerárquicamente

Jurisprudencia TFJFA

La jurisprudencia la establece:

- El pleno de la sala superior del TFF
- Secciones de la sala superior del TFF
- La del pleno se integra con 3 precedentes en el mismo sentido ininterrumpidos por ninguno en contrario.

- La de las secciones se integra con 5 precedentes ininterrumpidos por ninguno en contrario
- Obligatoria para las salas del TFJFA, salvo que Contravén procedimiento Administrativo de Ejecución[14] (PAE)

El Procedimiento Administrativo de Ejecución (PAE) es un conjunto de actos que el IMSS está facultado y obligado a realizar de forma directa, para exigir el pago de los créditos fiscales (adeudos) que no hubiesen sido pagados o garantizados dentro de los plazos señalados por la ley.

Es decir, que el IMSS debe iniciar el PAE únicamente cuando existe incumplimiento en las obligaciones de pago de créditos fiscales a cargo del patrón o sujeto obligado[15].

---

[14] Ley de Seguro Social; Capítulo II de los procedimientos; Sección primera; Procedimiento Administrativo de Ejecución.

[15] Así también el pagar las contribuciones dentro de las cuales encontramos a las de seguridad social y que se pueden definir en los siguientes términos; "Son las contribuciones establecidas en ley a cargo de personas que sustituyen al Estado en el cumplimiento de obligaciones fijadas por la ley en materia de seguridad social o a las personas que se beneficien en forma especial por servicios de seguridad social proporcionados por el mismo Estado. Art 2 Fr II CFF. Cuando se omita el pago de estas contribuciones el Instituto determinará créditos fiscales, los cuales de acuerdo al artículo 287 de la LSS, se consideran: Las cuotas, los capitales constitutivos, su actualización y los recargos, las multas impuestas en los términos de esta Ley, los gastos realizados por el Instituto por inscripciones improcedentes y los que tenga derecho a exigir de las personas no derechohabientes, tienen el carácter de crédito fiscal. (Art 287 LSS) Para el cobro de los créditos el instituto establece el procedimiento administrativo de ejecución (PAE), apegándose a las normas del CFF y otras disposiciones que le sean aplicables.

En la ejecución del PAE el Instituto se adjudica bienes los cuales enajena en subastas públicas o por adjudicación directa, y de esta manera recupera el monto de los créditos determinados.

Ante estos procedimientos el contribuyente puede establecer medios de defensa y para que no proceda el PAE de conformidad con el artículo 144 del CFF no se ejecutarán los actos administrativos cuando se garantice el interés fiscal, satisfaciendo los requisitos legales.

Nueva Ley del Seguro Social1997

Título Quinto De los procedimientos, de la caducidad y prescripción

Capítulo II: De los procedimientos[16]

Artículo 291.

El procedimiento administrativo de ejecución para el cobro de las liquidaciones que no hubiesen sido cubiertas oportunamente al Instituto Mexicano del Seguro Social se aplicará por la Secretaría de Hacienda y Crédito Público o por el propio Instituto a través de oficinas para cobros del citado Instituto Mexicano del Seguro Social.

Las oficinas para cobros del Instituto Mexicano del Seguro Social aplicarán el procedimiento administrativo de ejecución, con sujeción a las normas del Código Fiscal de la Federación y demás disposiciones aplicables. Las propias oficinas conocerán y resolverán los recursos previstos en el Código Fiscal de la Federación relativos al procedimiento administrativo de ejecución que lleven a cabo.

Asimismo podrán hacer efectivas las fianzas que se otorguen a favor del Instituto para garantizar obligaciones fiscales a cargo de terceros caso en que se estará exclusivamente a lo dispuesto por el Código Fiscal de la Federación.

Las cantidades que se obtengan respecto del seguro de retiro, cesantía en edad avanzada y vejez de acuerdo a lo señalado en este artículo, deberán ser puestas a disposición de la Administradora de Fondos para

---

[16]   Suspensión del PAE. Depende del medio de defensa. Recurso de Revocación. 5 meses siguientes a partir de la fecha en que se interponga el medio de defensa. Juicio de Nulidad. 45 días siguientes a aquel en que haya surtido efectos la notificación del crédito fiscal. Condonación. Dentro de los 30 días siguientes a que se presentó la solicitud de condonación. Pago a Plazos. Dentro de los 30 días siguientes a la fecha en que se hubiere notificado la autorización del pago a plazos; ya sea diferido o en parcialidades. Aplicación del Producto del Remate. Hasta antes de que se de esta aplicación. Sobreseimiento. Dentro del Proceso Penal en cualquier tiempo hasta antes de que se dicte sentencia y a satisfacción de la Secretaría. Se deberá de presentar a favor de: Tesorería de la Federación.

el Retiro que lleve el fondo individual del trabajador de que se trate, a más tardar dentro de los diez días hábiles siguientes a la fecha de su cobro efectivo. En caso de no hacerlo se causarán recargos y actualización a cargo del Instituto o de la Secretaría de Hacienda y Crédito Público, según corresponda, y a favor del trabajador, en los términos establecidos en el Código Fiscal de la Federación.

Artículo 292.

En los acuerdos relativos a la concesión, al rechazo, o a la modificación de una pensión, se expondrán los motivos y preceptos legales en que se funden y, asimismo, se expresará la cuantía de tal prestación, el método de cálculo empleado para determinarla, y, en su caso, la fecha a partir de la cual tendrá vigencia.

En el oficio en que se comunique el acuerdo relativo, se hará saber al interesado el término en que puede impugnarlo, mediante el recurso de inconformidad.

Artículo 293.

En los casos en que una pensión u otra prestación en dinero se hayan concedido por error que afecte a su cuantía o a sus condiciones, la modificación que se haga entrará en vigor:

I. Si la modificación es en favor del asegurado o beneficiario:

   a) Desde la fecha de la vigencia de la prestación, si el error se debió al Instituto o a la Administradora de Fondos para el Retiro, que administre el fondo individual del trabajador o a la Aseguradora respectiva.

   b) Desde la fecha en que se dicte el acuerdo de modificación, si el error se debió a datos falsos suministrados por el interesado.

II. Si la modificación es en perjuicio del asegurado o beneficiario:

   a) Desde la fecha en que se dicte el acuerdo de modificación, si el error se debió al Instituto, o a la Administradora de Fondos para el Retiro, que administre el fondo individual del trabajador o a la Aseguradora respectiva.

b) Desde la fecha de la vigencia de la prestación, si se comprueba que el interesado proporcionó al Instituto informaciones o datos falsos. En este caso se reintegrarán al Instituto las cantidades que hubiese pagado en exceso con motivo del error.

Artículo 294.

Cuando los patrones y demás sujetos obligados, así como los asegurados o sus beneficiarios consideren impugnable algún acto definitivo del Instituto, acudirán en inconformidad, en la forma y términos que establezca el reglamento, ante los Consejos Consultivos Delegacionales, los que resolverán lo procedente.

Las resoluciones, acuerdos o liquidaciones del Instituto que no hubiesen sido impugnados en la forma y términos que señale el reglamento correspondiente, se entenderán consentidos.

Artículo 295.

Las controversias entre los asegurados o sus beneficiarios y el Instituto, sobre las prestaciones que esta Ley otorga, podrán tramitarse ante la Junta Federal de Conciliación y Arbitraje, debiéndose agotar previamente el recurso de inconformidad que establece el artículo anterior.

Artículo 296.

El asegurado, sus derechohabientes, el pensionado o sus beneficiarios podrán interponer ante el Instituto queja administrativa, la cual tendrá la finalidad de conocer las insatisfacciones de los usuarios por actos u omisiones del personal institucional vinculados con la prestación de los servicios médicos, siempre que los mismos no constituyan un acto definitivo impugnable, a través del recurso de inconformidad.

El procedimiento administrativo de queja deberá agotarse previamente al conocimiento que deba tener otro órgano o autoridad de algún procedimiento administrativo, recurso o instancia jurisdiccional.

La resolución de la queja corresponderá al Consejo Técnico, a los consejos consultivos regionales, así como a los consejos consultivos delegacionales, en los términos que establezca el instructivo respectivo.

8.2 ¿Cuándo se aplica el Procedimiento Administrativo de Ejecución (PAE)?

Para que el Instituto aplique el PAE es necesario que exista un crédito fiscal exigible, es decir, un adeudo a cargo del patrón o sujeto obligado por no haber realizado el pago en tiempo y forma, y dicho crédito haya sido notificado conforme a derecho; o bien el patrón o sujeto obligado haya reconocido (determinado) su adeudo y no haya realizado su pago oportunamente.

8.3 Fases del PAE:

1.- Requerimiento de pago con el apercibimiento de embargo
2.- Embargo de bienes muebles e inmuebles, e incluso de la negociación
3.- Remate, venta fuera de remate, adjudicación o dación en pago de los bienes embargados
4.- Intervención a la caja de la negociación y, en su caso, administración o remate de la misma.
5.- Aplicación del producto del remate, venta fuera de remate, intervención de la negociación o, en su caso, de la adjudicación o dación en pago de los bienes embargados

¿En qué consiste la Diligencia de Requerimiento de Pago?

La diligencia de requerimiento de Pago es el acto a través del cual el ejecutor designado por el IMSS requiere al deudor el pago del crédito fiscal, y le advierte de embargo en caso de que en el mismo acto no se realice dicho pago, o bien, no se acredite que el pago ya se hubiese efectuado. Derechos del deudor en la diligencia de requerimiento de pago:

1. Que el ejecutor que lo visite, se identifique y acredite –con el respectivo documento- que está autorizado como representante del IMSS para realizar ese acto.
2. Que le sea presentado por el ejecutor el documento (Mandamiento de Ejecución) expedido y firmado por el Jefe de

la Oficina de Cobros de la Subdelegación que le corresponde, autorizando la diligencia

3. Que el ejecutor del IMSS lo visite en días y horas hábiles. Únicamente de podrá practicar la diligencia en días o en horas inhábiles cuando el Jefe de la Oficina para Cobros del IMSS haya habilitado días y horas inhábiles, lo cual deberá constar por escrito en el documento firmado por el servidor público mencionado. Se consideran días y horas hábiles los comprendidos de Lunes a Viernes de las 7.00 a las 18.00 horas.

4. Que no se practique embargo ni se le cobren los gastos de ejecución por la diligencia de requerimiento de pago, si en el desarrollo de esta diligencia prueba haber efectuado el pago del adeudo que generó el PAE, entregando copia del documento que lo acredite.

5. Que se le deje citatorio para que el deudor o su representante legal atiendan al ejecutor del IMSS el día hábil siguiente en caso de que en la primera vista del ejecutor, el deudor o su representante legal no se encontraren en el domicilio fiscal, o bien, el representante legal no hubiese acreditado debidamente su personalidad.

¿En qué consiste la diligencia de Embargo?

El embargo es el acto mediante el cual se señalan bienes suficientes para asegurar el pago del crédito fiscal adeudado, los cuales pueden ser bienes muebles, inmuebles o incluso las negociaciones en su conjunto.

El embargo constituye una limitación de la propiedad de los bienes, ya que a partir del momento en que son embargados, el propietario no tiene la libertad de disponer de éstos y queda obligado a conservarlos, custodiarlos y ponerlos a disposición de la autoridad fiscal cuando así sea requerido.

Derechos del deudor en la Diligencia de Embargo:

1. Que no se practique el embargo si en el desarrollo de esta diligencia prueba que realizó el pago del adeudo, entregando copia del documento que lo acredite.

2. Designar, si así lo desea, dos testigos de asistencia que estén presentes durante el desarrollo de la diligencia. Estos testigos

deberán firmar el acta que se levantará de la realización de la diligencia, pero si se niegan a hacerlo, esta circunstancia no afectará la validez del embargo practicado.

3. Señalar los bienes sobre los que deba recaer el embargo, siempre que los mismos sean de fácil realización o venta y siguiendo para señalar, el siguiente orden:

4. Que no se le embarguen los siguientes bienes:

A. El lecho cotidiano y los vestidos del deudor y de sus familiares.

B. Los libros, instrumentos útiles y mobiliario indispensable para el ejercicio de la profesión, arte u oficio a que se dedique el deudor.

C. Las armas, vehículos y caballos que los militares en servicio deban usar conforme a las leyes.

D. Las pensiones de cualquier tipo.

E. Bienes de fácil descomposición o deterioro.

F. Armas prohibidas o reglamentarias.

G. Los muebles de uso indispensable del deudor y sus familiares, no siendo de lujo a juicio del ejecutor.

H. La maquinaria, enseres y semovientes de las negociaciones (podrán ser objeto de embargo con la negación en su totalidad si a ella están destinados).

I. Los granos, mientras éstos no hayan sido cosechados, pero no los derechos sobre las siembras.

J. Los derechos de uso o habitación.

K. Los sueldos y salarios.

L. Los ejidos.

M. Mercancías de procedencia extranjera cuya legal estancia no esté acreditada en el país.

N. Materiales inflamables, contaminantes o radioactivos u otras sustancias peligrosas.

5. Se le designe como depositario de los bienes o negociaciones embargados, en cuyo caso deberá aceptar el cargo y las responsabilidades del mismo, mediante su firma en el acta correspondiente.

6. Solicitar al jefe de la oficina para cobros, dentro de los seis días hábiles siguientes a la fecha de la diligencia de embargo, le designe

como depositario, en el caso de no haber estado presente durante la realización de la diligencia y por tal motivo no haber sido designado como depositario.

7. Se le proporcione copia del acta levantada de la diligencia de embargo. En toda diligencia de embargo o de ampliación de embargo, el representante del IMSS deberá levantar el acta respectiva anotando la fecha, hora y lugar de su realización, las personas que intervinieron en la misma y su carácter, y el detalle de los bienes embargados.

En este contexto, resulta relevante señalar que con el objeto de que surta efectos los medios de defensa que el patrón interponga ante el IMSS, es necesario que se señale Subdelegación correspondiente a su registro patronal. Además de señalar el fundamento legal en este caso siendo el artículo *39-D de la Ley del Seguro Social, 151 del Reglamento de la Ley del Seguro Sociales Materia de Afiliación,* Clasificación de Empresas, Recaudación y Fiscalización, así mismo de tomar en cuenta los plazos señalados en la misma ley plazo de cinco días hábiles siguientes a la fecha en que surta efectos la notificación de las cédulas de liquidación para formular las aclaraciones.

Por otra parte así mismo el Instituto podrá aceptar las aclaraciones debidamente sustentadas fuera del plazo establecidos siempre que respecto de la cédula de liquidación sujeta aclarar(artículo 39-D ley del IMSS)

Código Fiscal Federal nos indica los pasos a seguir en este proceso en su capítulo III Del procedimiento administrativo de ejecución.

En su primera sección que corresponden al artículo 145 al 150 son todas las disposiciones generales, Algo que me pareció muy interesante es el inicio del artículo 145. Las autoridades fiscales exigirán el pago de los créditos fiscales que no hubieren sido cubiertos o garantizados dentro de los plazos señalados por la Ley, mediante procedimiento administrativo de ejecución.

Se podrá practicar embargo precautorio, sobre los bienes o la negociación del contribuyente, para asegurar el interés fiscal, cuando el crédito fiscal no sea exigible pero haya sido determinado por el contribuyente o por la autoridad en el ejercicio de sus facultades de comprobación, cuando a juicio de ésta exista peligro inminente de que el obligado realice cualquier maniobra tendiente a evadir su cumplimiento. En este caso, la autoridad trabará el embargo.

Lo anterior nos indica si la autoridad presume que tú como contribuyente este próximo a realizar la venta de los bienes embargables te los retira y los mantiene en resguardo hasta que se cumpla con lo establecido en el artículo 146 y sus letras que en resumen son:

A) Cinco años de la determinación del crédito.
B) Incosteabilidad o no solvencia del deudor.
C) Por concurso mercantil.
D) Ser una paraestatal que se encuentre en proceso de disolución.
E) Los marcados en el artículo 191 de CFF.

Los articulo 147 al 149, más que nada nos otorgan la referencia de las conclusiones de quien tiene derecho a los montos que se puedan recaudar en esto procedimientos siendo claro el articulo 149 concluyendo que el fisco federal tiene preferencia sobre los montos adquiridos.

El artículo 150 nos marca los costos extras en los que se incurra cuando uno tiene el proceso administrativo de ejecución entre los cuales destaca:
a) El 2% de gastos de ejecución.
b) No podrán exceder de $47,230.00

Adjunto a esta aportación un artículo muy interesante del SAT en donde describe paso a paso el proceso que se realiza al PAE (Proceso Administrativo de Ejecución), el cual nos narra pasa a paso como se realiza por parte de ellos. El Recurso de Inconformidad emana del artículo 294 de la Ley del Seguro Social, pero para su realización, tramitación y regulación respectiva, la Ley en comento lo regula mediante el "Reglamento del Recurso de Inconformidad".

Medios de defensa previstos en el CFF Y LSS[17].

Los medios de defensa que hace referencia la Ley del Seguro Social, como es el recurso de Inconformidad o el Juicio de Nulidad que establece

---

[17]   Acuerdo AS2 HCT 250309/56, por el que se modifica el acuerdo 187/2003 publicado el 15 de julio de 2003. Los requisitos para ejercer dicho acuerdo son los siguientes: presentar original y copia de identificación oficial, copias

el Código Fiscal de Federación y que podemos aplicar supletoriamente de conformidad con el Artículo 9 de la Ley en comento, los podemos utilizar en contra de cualquier resolución de la autoridad antes de aceptarlas.

El IMSS otorga una condonación para aquellas personas que no pagan las cuotas obrero patronal en tiempo, y que se hacen acreedores a una multa.
Procedimiento:

Presentar un escrito para solicitar la condonación de dicha multa, utilizando como fundamento el acuerdo 187/03 del H. CONSEJO TÉCNICO DEL IMSS, procediendo la condonación en un 90%.

El acuerdo 187/03 hace referencia a la condonación de multas.

ACUERDO 187/2003, dictado por el H. Consejo Técnico del Instituto Mexicanos del Seguro Social.

Al margen un logotipo, que dice: Instituto Mexicano del Seguro Social.- Secretaría General.
El H. Consejo Técnico, en la sesión celebrada el día 14 de mayo del presente año, dictó el Acuerdo número 187/2003, en los siguientes términos:

"Este Consejo Técnico, en uso de las atribuciones que le otorgan los Artículos 264 fracciones XIV y XVII, en correlación con lo dispuesto en el Artículo 251 fracciones VIII y XXXVII de la Ley del Seguro Social (LEY) y teniendo en consideración, que el citado ordenamiento legal dispone en su Artículo 304, que cuando los patrones y demás sujetos obligados realicen actos u omisiones que impliquen el incumplimiento del pago de los conceptos fiscales que establece el Artículo 287 de la misma LEY, serán sancionados con multa del cuarenta al cien por ciento

---

de las multas con sus respectivas actas de notificación, original y copia de los pagos que originaron las multas, si las multas se emitieron por diferencias, debe presentarse copia de los créditos, y estar al corriente en sus pagos, es decir, no tener adeudos COP y RCV.

del concepto omitido, asimismo el Artículo 304 C dispone que no se impondrán multas a los patrones cuando cumplan en forma espontánea con las obligaciones patronales fuera de los plazos señalados en la LEY y en el último párrafo de su Artículo 304 D establece, que sólo procederá la condonación de multas que hayan quedado firmes, siempre que un acto administrativo conexo no sea materia de impugnación y toda vez que el Artículo 194 del Reglamento de la Ley del Seguro Social en materia de Afiliación, Clasificación de Empresas, Recaudación y Fiscalización (REGLAMENTO), establece que la condonación de las multas a que se refiere el citado Artículo 304 D de la LEY, se realizará en la forma y términos que señale el Consejo Técnico del Instituto Mexicano del Seguro Social, aprueba los lineamientos siguientes: PRIMERO.- Para los efectos del Artículo 304 C, fracción I, de la LEY, la cédula de liquidación por concepto de multa constituye el acto de autoridad, mediante el cual el Instituto Mexicano del Seguro Social (INSTITUTO) hace saber al patrón que ha descubierto su omisión en el pago de las cuotas y le impone la sanción establecida en el Artículo 304 de la misma LEY; por consiguiente, se considera que el cumplimiento de la obligación es espontáneo y por tal razón no se cobrará la multa cuando el patrón pague las cuotas antes de la fecha en que se efectúe la notificación de la multa; por el contrario, cuando el pago se realice una vez notificada, no se considerará espontáneo el cumplimiento de la obligación fiscal, debido a que la omisión del pago ya fue descubierta por el Instituto y, por ello, se deberá realizar el cobro de la multa impuesta.

De la misma forma no se cobrará multa, si el patrón, en los términos de los Artículos 39 de la LEY y 113 del REGLAMENTO, presenta al Instituto en tiempo y forma la Cédula de Determinación de las cuotas obrero patronales legalmente a su cargo sin pago y entera su importe incluyendo su actualización y recargos moratorios dentro de los treinta días naturales contados a partir de la fecha de presentación de dicha cédula. No procederá lo previsto en este párrafo: si la Cédula de Determinación fue rechazada por no cumplir con los requisitos señalados en los párrafos segundo y tercero del Artículo 113 del REGLAMENTO; así como en el caso de que no se realice el pago dentro del citado plazo de treinta días naturales. SEGUNDO.- También se considera que se cumple el supuesto de cumplimiento espontáneo de la obligación fiscal, en el caso de que antes de la fecha en que se efectúe la notificación de la cédula de liquidación por concepto de multa, el INSTITUTO, a solicitud del patrón y cubiertos los requisitos correspondientes, haya autorizado prórroga para el pago de la obligación fiscal. TERCERO.- En términos del primer párrafo del Artículo 304 D de la LEY, las multas impuestas se dejarán sin efectos a solicitud del patrón, cuando éste acredite documentalmente que no incurrió en la infracción que se le imputa. En este supuesto, el trámite deberá ajustarse a las disposiciones de los Artículos 190, 191 y 193 del REGLAMENTO. CUARTO.- La solicitud para dejar sin efectos la multa impuesta, podrá ser presentada por el patrón fuera del plazo de cinco días hábiles que señala el Artículo 191 del REGLAMENTO, e incluso, dentro del procedimiento administrativo de ejecución y hasta antes de que se efectúe el remate, debiendo garantizar el interés fiscal si se solicita la suspensión de dicho procedimiento, atento a lo que dispone el Artículo 192 del mismo Reglamento. QUINTO.- La condonación de la multa impuesta a que se refieren los Artículos 304 D último párrafo de la LEY y 194 del REGLAMENTO, deberá solicitarse ante el superior jerárquico del servidor público que impuso la multa cuya condonación se solicita. El superior jerárquico de la autoridad que impuso la multa, para resolver sobre la procedencia de la condonación, valorará la documentación presentada por el interesado con su solicitud y se allegará, en su caso, de la información y documentación adicional que se requiera. SEXTO.- Para los efectos de la aplicación de los presentes lineamientos, el superior jerárquico de los Subdelegados del INSTITUTO, es el Jefe de Servicios de Afiliación y Cobranza de la Delegación correspondiente o de las unidades administrativas que los sustituyan. SEPTIMO.- La condonación será resuelta considerando los antecedentes del patrón o sujeto obligado en el cumplimiento de sus obligaciones fiscales ante el INSTITUTO, durante el año anterior, contado a partir de la fecha en que se notificó la multa cuya condonación se solicita, de conformidad a lo establecido en los presentes lineamientos. OCTAVO.- La solicitud de condonación deberá contar con los datos y la documentación indicada a continuación: I. Nombre, denominación o razón social del patrón o sujeto obligado; número de registro patronal ante el INSTITUTO; y domicilio fiscal;

II. El número de crédito, periodo y la fecha de notificación de la multa, indicando el por ciento de condonación que solicita en términos de estos lineamientos; y III. Acompañar los documentos con los que se acredite la personalidad del promovente, así como los correspondientes al cumplimiento de las condiciones respectivas señaladas en los lineamientos Sexto y Séptimo de este instrumento jurídico. Cuando no se cumplan los requisitos a que se refiere este lineamiento, se requerirá al solicitante a fin de que en un plazo de 10 días hábiles cumpla con el requisito omitido. En caso de no subsanarse la omisión en dicho plazo, la solicitud se tendrá por no presentada. NOVENO.- Se condonará la multa en un cien por ciento, cuando el patrón o sujeto obligado, cumpla con las dos condiciones siguientes: I. No tener créditos fiscales de los señalados en el Artículo 287 de la LEY vencidos o exigibles o bien, que en caso de tener créditos fiscales de los antes mencionados en la fecha de la solicitud de condonación, acompañe a ésta los documentos con los que se demuestre fehacientemente su improcedencia, o bien, que exista por parte del INSTITUTO autorización de prórroga para el pago en parcialidades o diferido, y II. Haber pagado en términos del Artículo 39 de la LEY las cuotas obrero patronales, durante el año anterior señalado en el punto Séptimo de este lineamiento; DECIMO.- Se condonará la multa en el por ciento que se indica en los casos siguientes: I. El 60% cuando el patrón cumpla con las condiciones de la fracción I del lineamiento Noveno, y II. El 40% cuando el patrón cumpla con las condiciones de la fracción II del lineamiento Noveno. DECIMO PRIMERO.- La condonación que se haya autorizado de la multa en los casos señalados en el lineamiento Décimo, quedará sin efectos sin necesidad de resolución alguna, si no se efectúa el pago del importe no condonado dentro del plazo de cinco días hábiles, contado a partir del día hábil siguiente al en que surta efectos la notificación de la resolución de condonación. De igual forma quedará sin efectos sin necesidad de resolución alguna, la condonación total o parcial que se hubiere otorgado teniendo en cuenta la autorización de prórroga para el pago de los créditos fiscales adeudados, a que se refiere la fracción I del punto Noveno del presente lineamiento, cuando se incumpla con los términos de dicha autorización. La solicitud de condonación no constituye instancia por lo que las resoluciones que dicte el INSTITUTO al respecto no podrán ser impugnadas por los medios de defensa que establece la LEY. DECIMO SEGUNDO.- La Dirección de Afiliación y Cobranza, por conducto de la Coordinación de Cobranza o de las unidades administrativas que la sustituyan resolverán las dudas o aclaraciones que con motivo de la aplicación de este Acuerdo presenten las unidades administrativas respectivas. Las dependencias normativas mencionadas realizarán las gestiones conducentes ante la unidad administrativa del Instituto responsable de los sistemas automatizados de apoyo a las labores de las áreas operativas de Afiliación y Cobranza, a efecto de que en dichos sistemas se consideren los lineamientos del presente Acuerdo que permitan su aplicación por las áreas mencionadas al contarse con los mismos. Asimismo, la Dirección de Afiliación y Cobranza hará seguimiento de la aplicación de lo previsto en el segundo párrafo del punto PRIMERO del presente acuerdo y sus efectos sobre los indicadores de pago oportuno y de la recaudación institucional al segundo mes del periodo de cobranza, e informará en su oportunidad de esta situación, para la evaluación correspondiente por parte de este Consejo Técnico. DECIMO TERCERO.- El presente Acuerdo entrará en vigor al día siguiente de su publicación en el Diario Oficial de la Federación".

9

Capitulo III Marco metodológico

3.1 Diseño de la investigación

El tipo de investigación presentada es *no experimental*, en virtud de que no se realizara manipulación de las variables, y es transversal, ya que se obtuvieron datos de medición en un solo momento. Se aplicaron instrumentos de recolección de datos cuantitativos, que nos permitan validar o desechas nuestra construcción hipotética.

3.2 Alcance de la investigación

En una primera etapa exploratoria en virtud de que en la revisión del estado del arte, no se han detectado investigaciones cuantitativas sobre el tema propuesto de estudio, y se concluyo como una investigación descriptiva, en virtud de que en torno al sistema tributario mexicano se identificaran horizontal y verticalmente los mecanismos de defensa fiscal de estudio.

3.3 Método de la investigación

El Método propuesto es Deductivo, de lo general a lo particular, en virtud de que se cuantificara el efecto de las variables intervinientes (requerimientos y mecanismos de defensa) e independientes (cumplimiento de obligaciones fiscales) en el nivel de ingreso de los contribuyentes (variable dependiente).

3.4 La recolección de información y el ordenamiento de datos

Se diseñaron instrumentos de recolección de datos cuantitativos (cuestionarios, lista de verificación, y entrevistas) que nos permitan la obtención de información cuantitativa para la medición de los constructos y variables de medición orientados hacia la construcción de indicadores e índices.

Construimos tablas de distribución de frecuencias, que nos permitieron la obtención de estadística descriptiva e inferencial, así como graficas de las variables en estudio. Se hizo uso del software Statistical Package for the Social Sciences (SPSS) y en su caso minitab.

3.3 El análisis e interpretación de datos

Se utilizó el software SPSS para el análisis estadístico descriptivo e inferencial (prueba de hipótesis) análisis multivariado y correlativo.

9.1 Marco muestral

Con esta información, se determinó el tamaño de muestra requerido para el estudio; para lo cual se utilizó el método de muestreo probabilístico aleatorio simple para poblaciones finitas, donde el universo definido es de 629 empresas.

Las variables utilizadas son: tamaño de muestra (n), universo de empresas (N), distribución normal para un nivel de confianza (Z) del 95 por ciento, un error máximo aceptable (e) del 5 por ciento, con una variabilidad positiva (p) del 50 por ciento (probabilidad de éxito) y con una variabilidad negativa (q) del 50 por ciento (probabilidad de fracaso).

La fórmula utilizada para el cálculo del tamaño de muestra es:

$$n = \frac{Z^2 N p q}{e^2 (N-1) + Z^2 p q}$$

Dónde: e = El error máximo = 5 %

N = La población = 629
p = La probabilidad de éxito = 0.50
q = La probabilidad de fracaso = 0.50
Z = El nivel de confianza = 95 % = 1.95

Sustituyendo:

$$n = \frac{(1.95)^2(629)(0.50)(0.50)}{(0.05)^2(629\text{-}1) + (1.95)^2\ (0.50)(0.50)} = 237.22$$

9.2 Definición y selección de la muestra

De acuerdo con el método de muestreo elegido, se encuestaron a 238 empresas de la entidad, de las cuales el 56.25 por ciento se localizan en el municipio de Querétaro.

En cuanto al sector productivo al que pertenecen las empresas consideradas en la muestra, el 27.51 por ciento son del sector industrial, el 41.97 por ciento del sector comercial y el 30.52 por ciento del sector servicios.

SECTOR	MUESTRA DE EMPRESAS A ENCUESTAR QUERETARO.										
	TAMAÑO										
	GRANDE			MEDIANA			PEQUEÑA			TOTAL	MUESTRA
	cantidad	%	muestra	cantidad	%	muestra	cantidad	%	muestra		
INDUSTRIAL	31	4.93	12	44	7.0	17	98	15.58	37	173	66
COMERCIAL	17	2.7	6	57	9.06	22	190	30.21	72	264	100
SERVICIOS	19	3.02	7	17	2.7	6	156	24.8	59	192	72
TOTAL	67	10.65	25	118	18.76	45	444	70.59	168	629	238

Fuente: Dirección de Planeación y Evaluación.

9.2.1 Diseño del instrumento

Con la finalidad de obtener información útil para cumplir con los objetivos del presente estudio, se diseñó un cuestionario que permitiera obtener la información necesaria para los fines del trabajo; en el cual se incluyeron preguntas

El cuestionario consta de 15 preguntas cerradas, y se aplicó a cada una de las empresas elegidas en la determinación de la muestra. La estructura del mismo se clasificó en 4 apartados:

× Cumplimiento con los principios constitucionales.
× Principio constitucional de no molestia.
× Detrimento del patrimonio del contribuyente.
× Activación de medios de defensa.

9.3 Instrumento de medición

9.3.1 Cuestionario autoadministrado.

Muchas gracias por dar respuesta a las 15 (quince) preguntas, mismas que agradeceremos responder con la mayor veracidad, la información será tratada con toda confidencialidad, en virtud de que su naturaleza es académica.

INSTRUCCIONES:

Por favor, lea cuidadosamente cada una de las 15 (quince) preguntas y poner una "x" en la respuesta que considere es la adecuada para cada una de ellas, por favor solo cruzar una sola opción "SI" o "No", de cruzar ambas la respuesta será invalidada (preguntas 1 a 9) en la pregunta número 10 elegir, por favor, Solo una opción; en la pregunta número 11 (once) es posible ofrecer más de una respuesta.

Objetivo; Determinar si el activar medios de defensa fiscal causa detrimento en el patrimonio de los contribuyentes mexicanos, particularmente a los empresarios de la industria de la construcción en el municipio de Querétaro.

REACTIVOS.

1.- ¿Usted cumple puntualmente con sus obligaciones fiscales; es decir paga en las fechas previstas sus impuestos?
Si ( ) No ( )

2.- ¿Usted paga sus impuestos conforme a su actividad productiva?
Si ( ) No ( )

3.- ¿A usted le ocasiona "molestia" los requerimientos girados por el fisco en su nombre?
Si ( ) No ( )

4.- ¿El o los requerimientos que la autoridad fiscal gira en su nombre, le ocasionan deterioro en su patrimonio?
Si ( ) No ( )

5.- ¿Ante la presencia de un acto de "molestia" girado por la autoridad fiscal, en su nombre, usted activa algún mecanismo de defensa fiscal?
Si ( ) No ( )

6.- ¿El activar algún mecanismo de defensa fiscal, previsto en el Código Fiscal de la Federación, en contra de la autoridad fiscal, a usted le ocasiona detrimento en su patrimonio?
Si ( ) No ( )

7.- ¿Usted considera que los mecanismos de defensa fiscal, previstos en el Código Fiscal de la Federación, son medios que dan certidumbre al sistema financiero mexicano?
Si ( ) No ( )

8.- ¿Ante la existencia de un requerimiento de la autoridad fiscal, en su nombre y domicilio fiscal, usted realiza el pago de los impuestos, recargos y multas y actualizaciones?
Si ( ) No ( )

9.- ¿Ante la existencia de un requerimiento de la autoridad fiscal, en su nombre y domicilio fiscal, y dicho requerimiento es ilegal, usted inicia, desarrolla y concluye un mecanismo de defensa fiscal?
Si ( )   No ( )

10.- Ante un requerimiento ilegal e injusto, por parte de la autoridad fiscal; ¿usted opta por pagar o activar un mecanismo de defensa fiscal?
Pagar lo requerido ( )   Activar un mecanismo de defensa fiscal ( )

11.- Por favor, el o los mecanismos de defensa fiscal que usted conoce (puede identificar más de uno);
Juicio de nulidad ( ); Juicio de revocación ( ); Juicio de Amparo ( )

12.- Identifique los mecanismos de defensa fiscal que usted ha utilizado (puede identificar más de uno)
Juicio de nulidad ( ); Juicio de revocación ( ); Juicio de Amparo ( )

13.- La activación del mecanismo de defensa fiscal, ¿Le ha ocasionado menoscabo de su patrimonio?;
Si ( )   No ( )

14.-Que razón motivo la activación de mecanismos de defensa fiscal:
A) No cumplí en tiempo ( );
B) No cumplí en forma ( );
C) Si cumplí en tiempo pero no declare todos mis ingresos ( )
D) Otro explique brevemente: _____.

15.- Usted considera que el uso de mecanismos de defensa fiscal son:
A) Legales
B) Ilegales
C) inconstitucionales

Muchas gracias por dar respuesta a nuestro cuestionario, información que será tratada con carácter académico y con toda confidencialidad.

LISTA DE VERIFICACIÓN

NO.	SI	LISTA	NO
1		Ud. Paga impuestos	
2		Ud. Paga puntualmente sus impuestos	
3		Ud. Ha sido "molestado" por el SAT.	
4		Las "Molestias" del SAT le ocasionan detrimento económico.	
5		Ud. Se defiende fiscalmente.	
6		Ud. Conoce el procedimiento para defenderse Fiscalmente.	
7		Ud. Confía en las Leyes fiscales mexicanas	

ENTREVISTA.

No.	PREGUNTA
1	Ud. ha sido requerido por el SAT para el pago de sus impuestos.
2	Ud. ha pagado recargos, multas por requerimientos del SAT.
3	Ud. Conoce el procedimiento para defenderse fiscalmente, ante actos de injusticia del SAT
4	Ud. Confía en las autoridades hacendarias
5	Ud. Conócelas diversas forma de defenderse fiscalmente

9.4 Levantamiento de la información

El levantamiento de la información se realizó en dos etapas

a). La primer etapa se implementó durante vía correos electrónicos dirigidos a las empresas constructoras afiliadas en la Cámara Mexicana de la Industria de la Construcción Delegación Querétaro.

b). La segunda etapa se inició durante la semana del 30 de noviembre al 6 de diciembre del 2013.

La información obtenida se integró en una base de datos a través de software SPSS, para llevar a cabo el análisis correspondiente.

SOFWER UTILIZADO SPSS VERSION 21. TABULACION DE CUESTIONARIOS APLICADOS A MUESTRA DE ANALISIS.

	Nombre	Tipo	Anchura	Decimales	Etiqueta	Valores	Perdidos	Columnas	Alineación	Medida	Rol
1	VAR00001	Numérico	18	0	Cumple	{1, Sí}...	Ninguna	18	Centrado	Nominal	Objetivo
2	VAR00002	Numérico	18	0	Paga sus impuestos	{1, Sí}...	Ninguna	18	Centrado	Nominal	Objetivo
3	VAR00003	Numérico	18	0	Ocasiona molestia	{1, Sí}...	Ninguna	18	Centrado	Nominal	Objetivo
4	VAR00004	Numérico	18	0	Deterioro de su patrimonio	{1, Sí}...	Ninguna	18	Centrado	Nominal	Ambos
5	VAR00005	Numérico	18	0	Activa algún mecanismo de defensa fiscal	{1, Sí}...	Ninguna	21	Centrado	Nominal	Objetivo
6	VAR00006	Numérico	18	0	Ocasiona detrimento a su patrimonio	{1, Sí}...	Ninguna	20	Centrado	Nominal	Ambos
7	VAR00007	Numérico	18	0	Dan certidumbre al sistema financiero	{1, Sí}...	Ninguna	20	Centrado	Nominal	Ambos
8	VAR00008	Numérico	18	0	Ante actos de molestia sed paga	{1, Sí}...	Ninguna	21	Centrado	Nominal	Objetivo
9	VAR00009	Numérico	18	0	Requerimiento es legal	{1, Sí}...	Ninguna	20	Centrado	Nominal	Objetivo
10	VAR00010	Numérico	18	0	Paga o activa mecanismo de defensa	{1, Pagar i...	Ninguna	21	Centrado	Nominal	Objetivo
11	VAR00011	Numérico	18	0	A utilizado mecanismos de defensa fiscal	{1, Juicio d...	99	21	Centrado	Nominal	Objetivo
12	VAR00012	Numérico	18	0	Le ha ocasionado menoscabo en su patrimonio	{1, Sí}...	99	21	Centrado	Nominal	Objetivo
13	VAR00013	Numérico	21	0	Deterioro en su patrimonio	{1, Sí}...	99	20	Centrado	Nominal	Ambos
14	VAR00014	Numérico	8	0	Motivación de defensa fiscal	{1, No cum...	Ninguna	8	Derecha	Nominal	Objetivo
15	VAR00015	Numérico	18	0	mecanismos en el sistema fiscal mexicano	{1, Legales...	Ninguna	8	Derecha	Nominal	Objetivo

TABULACION DE VARIABLES DE CUESTIONARIO APLICADO DE LA SEMANA SABADO 20 AL JUEVES 5 DE DICIEMBRE DEL 2013.

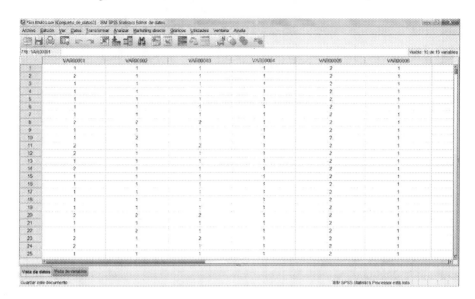

ESTADISTICA DESCRIPTIVA.

```
GET
FILE='C:\Users\SAMSUNG\Documents\M12 R2\114 muestra r2 02dic2013.sav'.
DATASET NAME Conjunto_de_datos1 WINDOW=FRONT.
FREQUENCIES VARIABLES=VAR00001 VAR00002 VAR00003 VAR00004 VAR00005
VAR00006 VAR00007
VAR00008 VAR00009 VAR00010 VAR00011 VAR00012 VAR00013 VAR00014 VAR00015
/NTILES=4
  /NTILES=10
  /STATISTICS=STDDEV VARIANCE RANGE MINIMUM MAXIMUM SEMEAN MEAN MEDIAN
MODE SUM SKEWNESS
SESKEW KURTOSIS SEKURT
/HISTOGRAM NORMAL
  /ORDER=ANALYSIS.
```

10

Graficas

Histograma

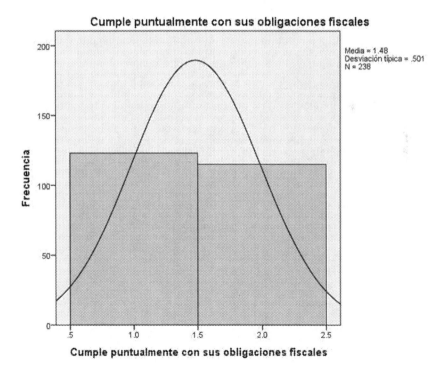

Cumple puntualmente con sus obligaciones fiscales

Media = 1.48
Desviación típica = .501
N = 238

Frecuencia

Cumple puntualmente con sus obligaciones fiscales

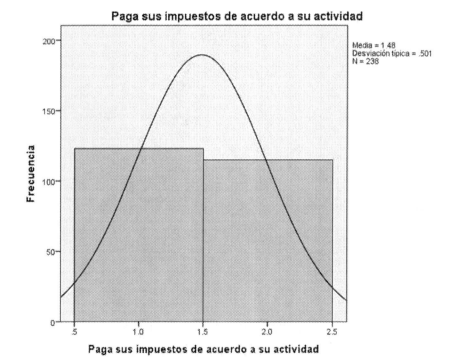

Paga sus impuestos de acuerdo a su actividad

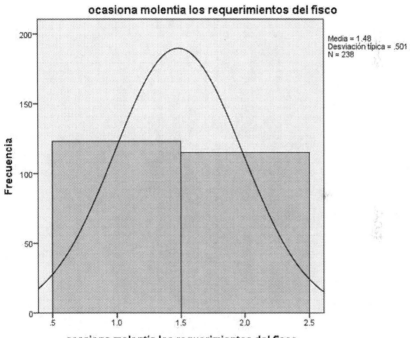

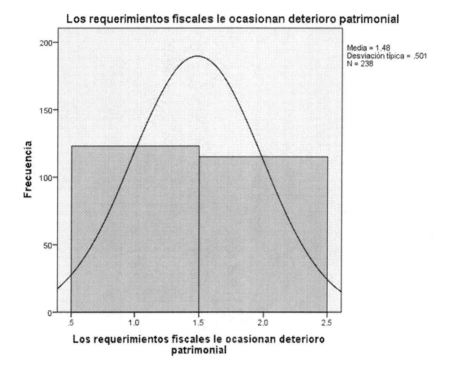

Los requerimientos fiscales le ocasionan deterioro patrimonial

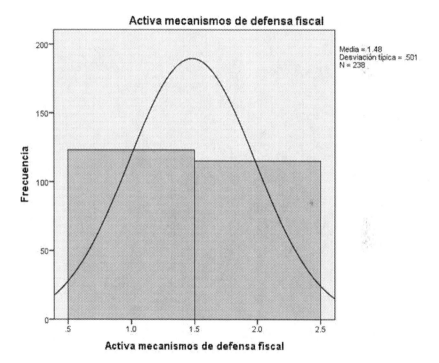

Activa mecanismos de defensa fiscal

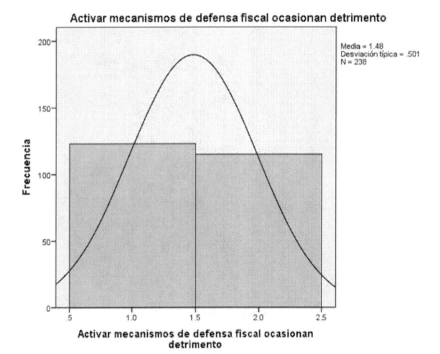

Activar mecanismos de defensa fiscal ocasionan detrimento

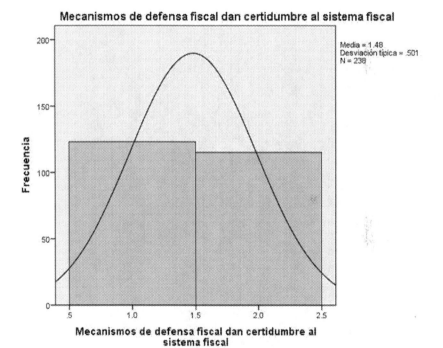

Mecanismos de defensa fiscal dan certidumbre al sistema fiscal

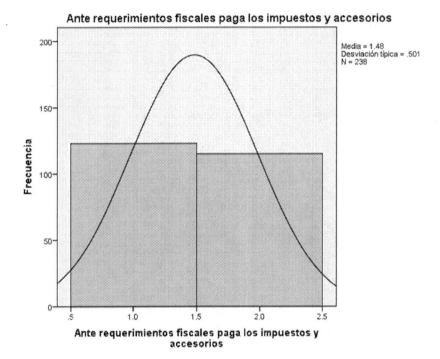

Ante requerimientos fiscales paga los impuestos y accesorios

Media = 1.48
Desviación típica = .501
N = 238

Ante requerimientos fiscales paga los impuestos y accesorios

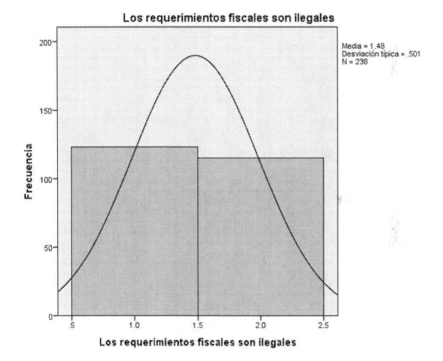

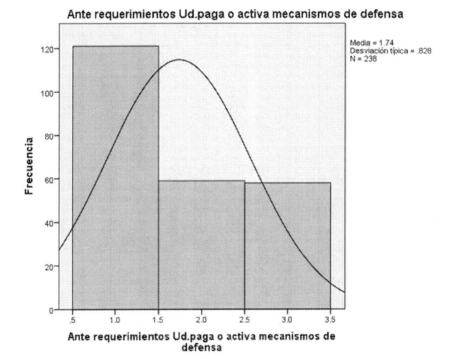

Ante requerimientos Ud.paga o activa mecanismos de defensa

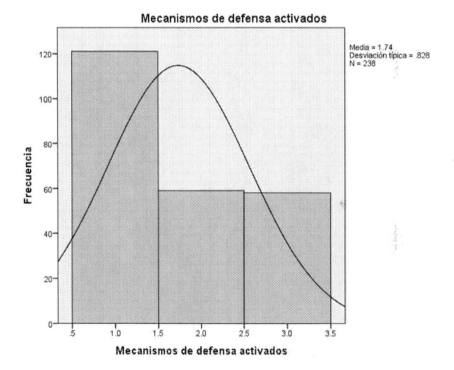

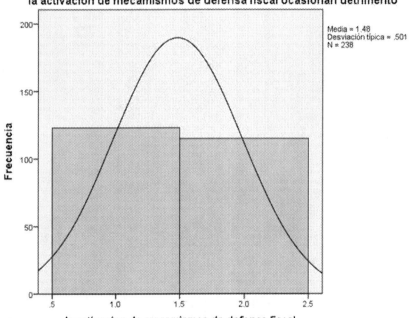

la activacion de mecamismos de defensa fiscal ocasionan detrimento

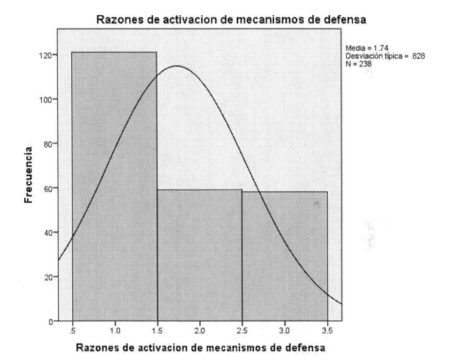

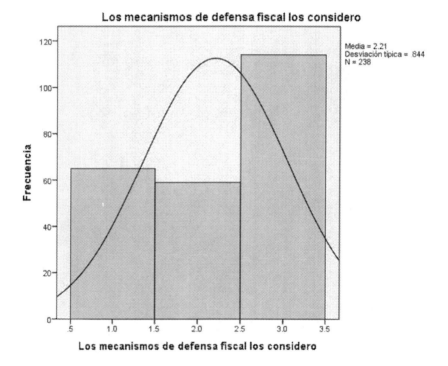

Los mecanismos de defensa fiscal los considero

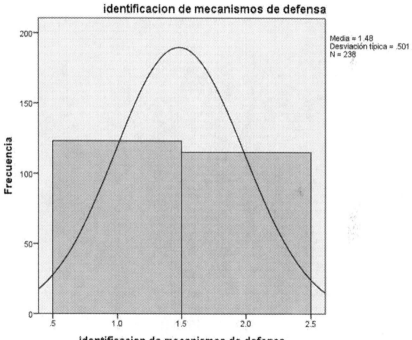

identificacion de mecanismos de defensa

Media = 1.48
Desviación típica = .501
N = 238

identificacion de mecanismos de defensa

Gráfico P-P Normal de Cumple puntualmente con sus obligaciones fiscales

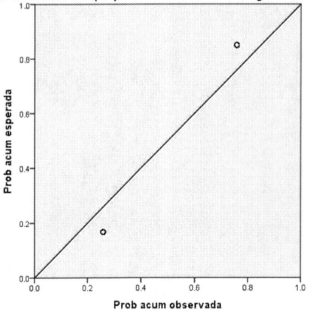

Transformaciones: log natural

Gráfico P-P Normal sin tendencia de Cumple puntualmente con sus obligaciones fiscales

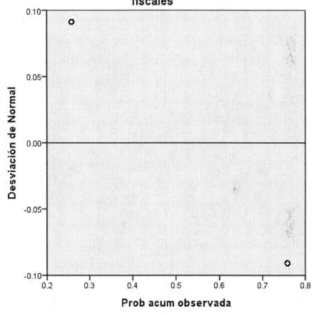

Transformaciones: log natural

Paga sus impuestos de acuerdo a su actividad

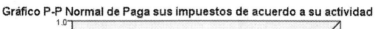

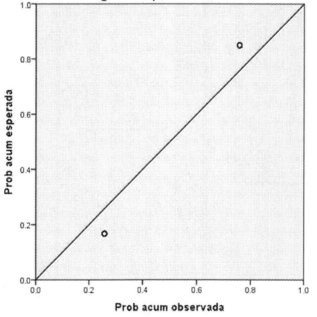

Gráfico P-P Normal de Paga sus impuestos de acuerdo a su actividad

Transformaciones: log natural

Gráfico P-P Normal sin tendencia de Paga sus impuestos de acuerdo a su actividad

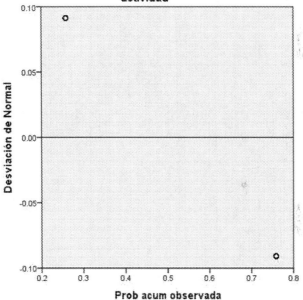

Transformaciones: log natural

ocasionamolentia los requerimientos del fisco

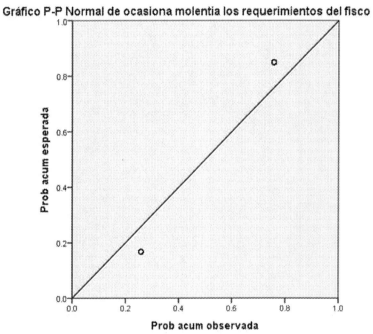

Gráfico P-P Normal de ocasiona molentia los requerimientos del fisco

Transformaciones: log natural

Gráfico P-P Normal sin tendencia de ocasiona molentia los requerimientos del fisco

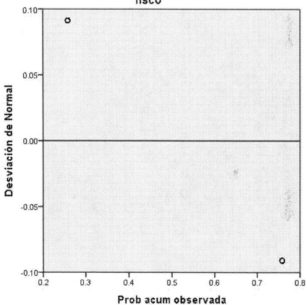

Prob acum observada

Transformaciones: log natural

Gráfico P-P Normal de Los requerimientos fiscales le ocasionan deterioro patrimonial

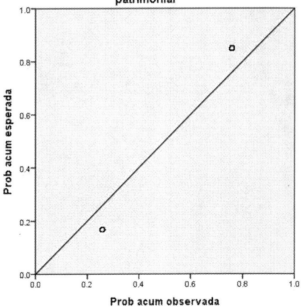

Transformaciones: log natural

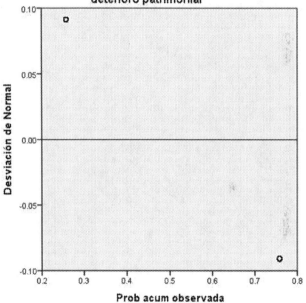

Gráfico P-P Normal sin tendencia de Los requerimientos fiscales le ocasionan deterioro patrimonial

Transformaciones: log natural

Activa mecanismos de defensa fiscal

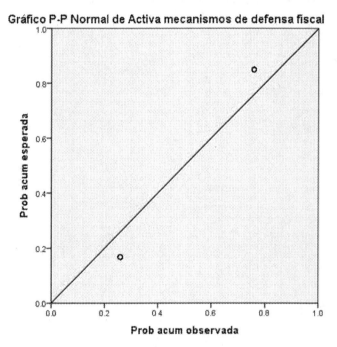

Gráfico P-P Normal de Activar mecanismos de defensa fiscal ocasionan detrimento

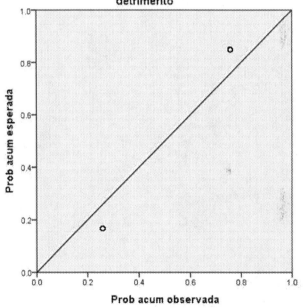

Transformaciones: log natural

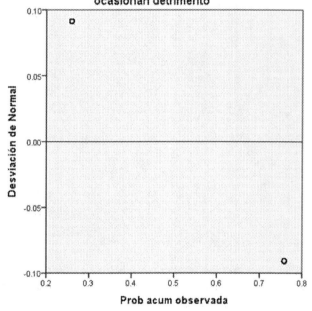

Mecanismos de defensa fiscal dan certidumbre al sistema fiscal

Mecanismos de defensa fiscal dan certidumbre al sistema fiscal

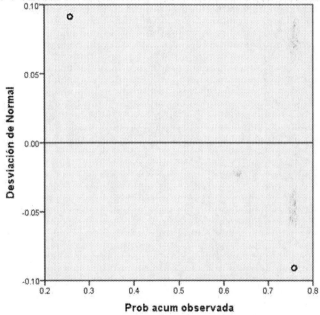

Gráfico P-P Normal sin tendencia de Activa mecanismos de defensa fiscal

Transformaciones: log natural

Mecanismos de defensa fiscal dan certidumbre al sistema fiscal

Gráfico P-P Normal de Mecanismos de defensa fiscal dan certidumbre al sistema fiscal

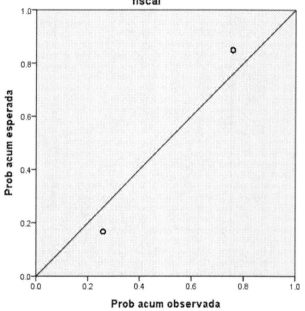

Transformaciones: log natural

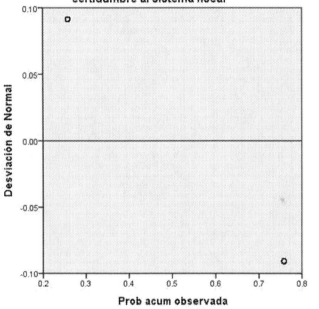

Gráfico P-P Normal sin tendencia de Mecanismos de defensa fiscal dan certidumbre al sistema fiscal

Transformaciones: log natural

Ante requerimientos fiscales paga los impuestos y accesorios

Gráfico P-P Normal de Ante requerimientos fiscales paga los impuestos y accesorios

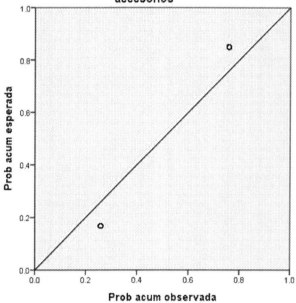

Transformaciones: log natural

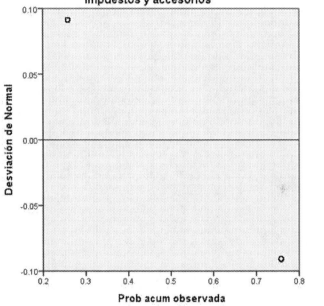

Gráfico P-P Normal sin tendencia de Ante requerimientos fiscales paga los impuestos y accesorios

Transformaciones: log natural

Los requerimientos fiscales son ilegales

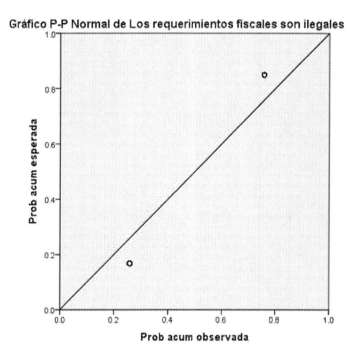

Gráfico P-P Normal de Los requerimientos fiscales son ilegales

Transformaciones: log natural

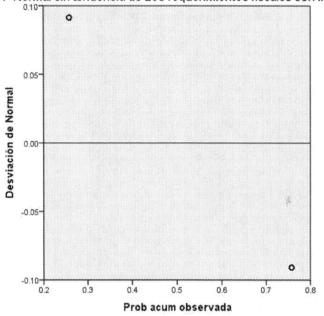

Gráfico P-P Normal sin tendencia de Los requerimientos fiscales son ilegales

Transformaciones: log natural

Ante requerimientos Ud.paga o activa mecanismos de defensa

Gráfico P-P Normal de Ante requerimientos Ud.paga o activa mecanismos de defensa

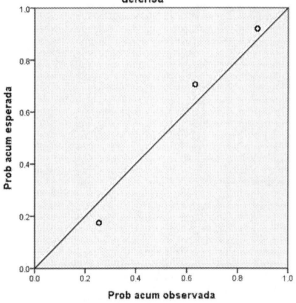

Transformaciones: log natural

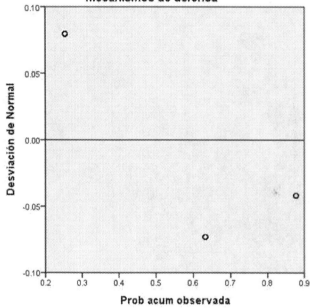

Gráfico P-P Normal sin tendencia de Ante requerimientos Ud.paga o activa mecanismos de defensa

Transformaciones: log natural

Identificacion de mecanismos de defensa

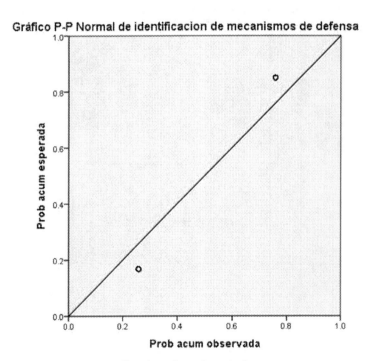

Gráfico P-P Normal de identificacion de mecanismos de defensa

Transformaciones: log natural

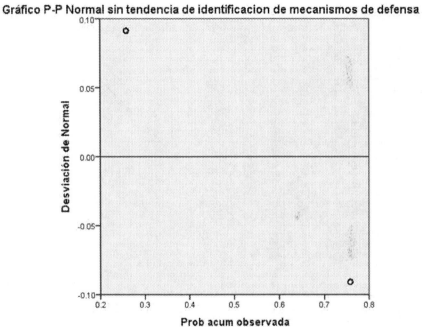

Mecanismos de defensa activados

Gráfico P-P Normal de Mecanismos de defensa activados

Transformaciones: log natural

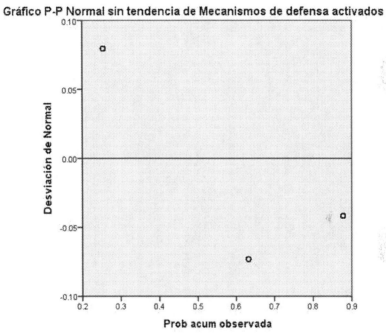

Gráfico P-P Normal sin tendencia de Mecanismos de defensa activados

Transformaciones: log natural

La activacion de mecamismos de defensa fiscal ocasionan detrimento

Gráfico P-P Normal de la activacion de mecamismos de defensa fiscal ocasionan detrimento

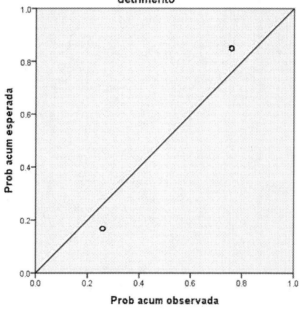

Transformaciones: log natural

Gráfico P-P Normal sin tendencia de la activacion de mecamismos de defensa fiscal ocasionan detrimento

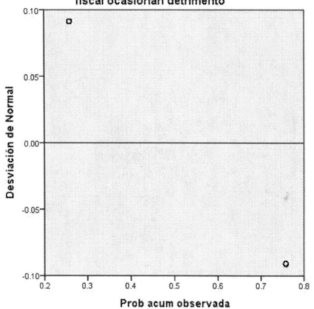

Transformaciones: log natural

Razones de activación de mecanismos de defensa

Gráfico P-P Normal de Razones de activacion de mecanismos de defensa

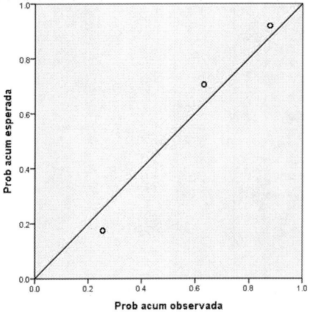

Transformaciones: log natural

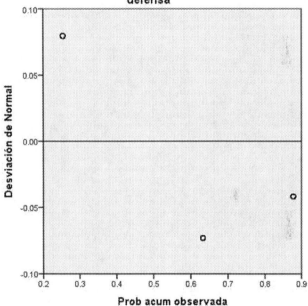

Gráfico P-P Normal sin tendencia de Razones de activacion de mecanismos de defensa

Transformaciones: log natural

Los mecanismos de defensa fiscal los considero

Gráfico P-P Normal de Los mecanismos de defensa fiscal los considero

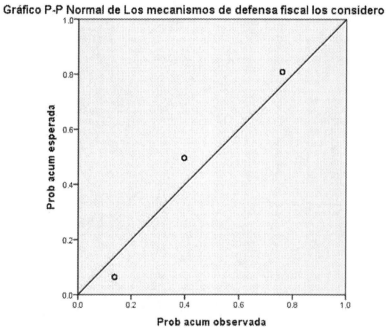

Transformaciones: log natural

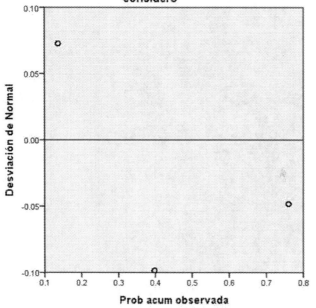

Gráfico P-P Normal sin tendencia de Los mecanismos de defensa fiscal los considero

Transformaciones: log natural

Resumen de prueba de hipótesis

	Hipótesis nula	Test	Sig.	Decisión
20	La distribución de Puntuación Z: Activa mecanismos de defensa fiscal es normal con la media -0.00 y la desviación típica 1.00.	Prueba Kolmogorov-Smirnov de una muestra	.000[1]	Rechazar la hipótesis nula.
21	La distribución de Puntuación Z: Activar mecanismos de defensa fiscal ocasionan detrimento es normal con la media -0.00 y la desviación típica 1.00.	Prueba Kolmogorov-Smirnov de una muestra	.000[1]	Rechazar la hipótesis nula.
22	La distribución de Puntuación Z: Mecanismos de defensa fiscal dan certidumbre al sistema fiscal es normal con la media -0.00 y la desviación típica 1.00.	Prueba Kolmogorov-Smirnov de una muestra	.000[1]	Rechazar la hipótesis nula.
23	La distribución de Puntuación Z: Ante requerimientos fiscales paga los impuestos y accesorios es normal con la media -0.00 y la desviación típica 1.00.	Prueba Kolmogorov-Smirnov de una muestra	.000[1]	Rechazar la hipótesis nula.
24	La distribución de Puntuación Z: Los requerimientos fiscales son ilegales es normal con la media -0.00 y la desviación típica 1.00.	Prueba Kolmogorov-Smirnov de una muestra	.000[1]	Rechazar la hipótesis nula.
25	La distribución de Puntuación Z: Ante requerimientos Ud.paga o activa mecanismos de defensa es normal con la media -0.00 y la desviación típica 1.00.	Prueba Kolmogorov-Smirnov de una muestra	.000[1]	Rechazar la hipótesis nula.
26	La distribución de Puntuación Z: identificacion de mecanismos de defensa es normal con la media -0.00 y la desviación típica 1.00.	Prueba Kolmogorov-Smirnov de una muestra	.000[1]	Rechazar la hipótesis nula.
27	La distribución de Puntuación Z: Mecanismos de defensa activados es normal con la media -0.00 y la desviación típica 1.00.	Prueba Kolmogorov-Smirnov de una muestra	.000[1]	Rechazar la hipótesis nula.
28	La distribución de Puntuación Z: la activacion de mecanismos de defensa fiscal ocasionan detrimento es normal con la media -0.00 y la desviación típica 1.00.	Prueba Kolmogorov-Smirnov de una muestra	.000[1]	Rechazar la hipótesis nula.

Se muestran las significancias asintóticas. El nivel de significancia es .05.

[1]Lilliefors Corrected

Resumen de prueba de hipótesis

	Hipótesis nula	Test	Sig.	Decisión
29	La distribución de Puntuación Z: Razones de activacion de mecanismos de defensa es normal con la media -0.00 y la desviación típica 1.00.	Prueba Kolmogorov-Smirnov de una muestra	.000[1]	Rechazar la hipótesis nula.
30	La distribución de Puntuación Z: Los mecanismos de defensa fiscal los considero es normal con la media -0.00 y la desviación típica 1.00.	Prueba Kolmogorov-Smirnov de una muestra	.000[1]	Rechazar la hipótesis nula.

Se muestran las significancias asintóticas. El nivel de significancia es .05.

[1]Lilliefors Corrected

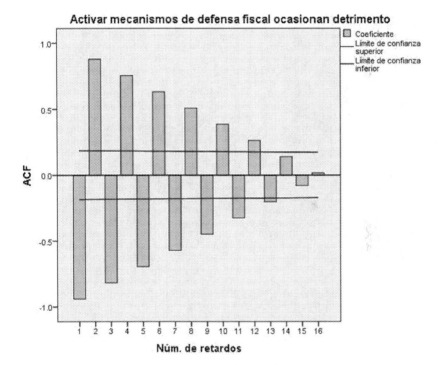

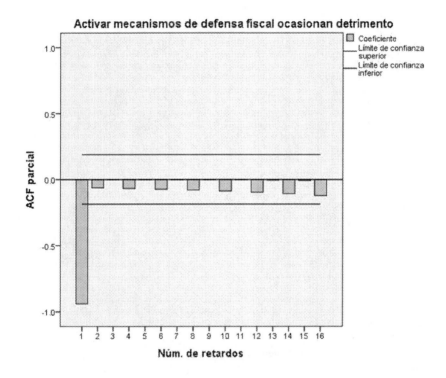

Activar mecanismos de defensa fiscal ocasionan detrimento

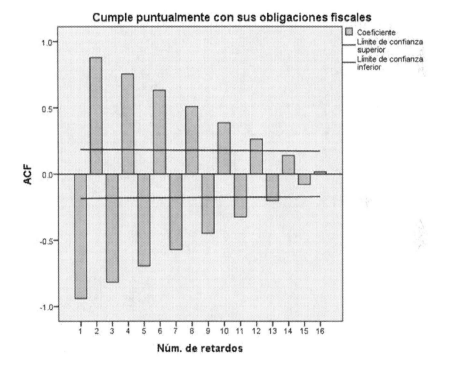

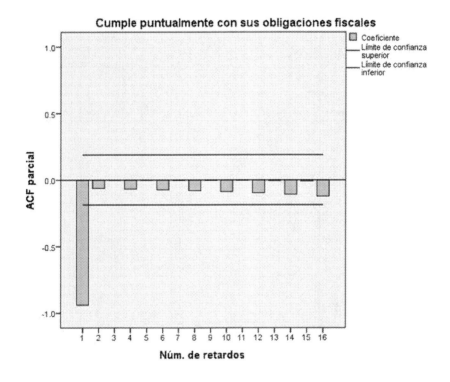

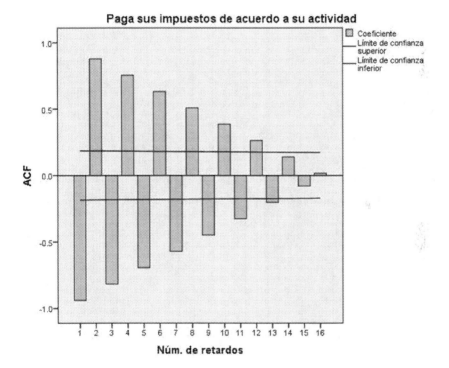

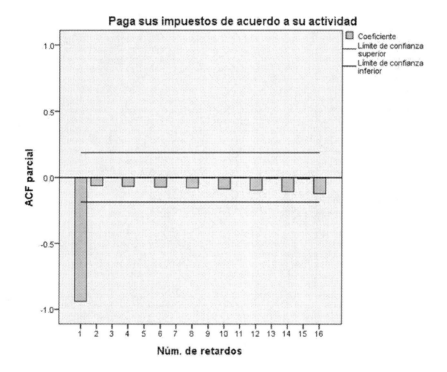

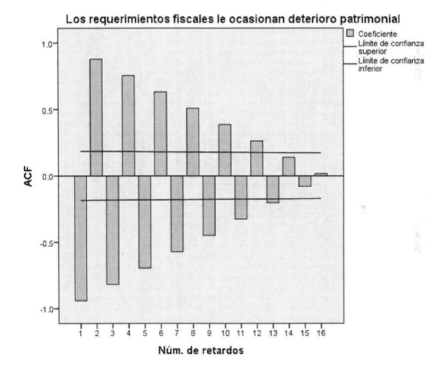

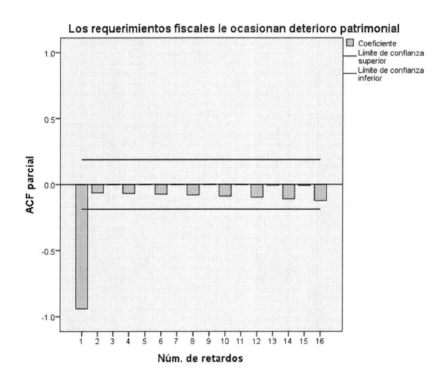

Mecanismos de defensa fiscal dan certidumbre al sistema fiscal

Autocorrelaciones

Serie: Mecanismos de defensa fiscal dan certidumbre al sistema fiscal

Retardo	Autocorrelación	Típ. Error[a]	Estadístico de Box-Ljung		
			Valor	gl	Sig.[b]
1	-.940	.092	103.488	1	.000
2	.877	.092	194.305	2	.000
3	-.817	.092	273.913	3	.000
4	.754	.091	342.266	4	.000
5	-.695	.091	400.784	5	.000
6	.631	.090	449.546	6	.000
7	-.572	.090	489.921	7	.000
8	.508	.090	522.126	8	.000
9	-.449	.089	547.475	9	.000
10	.385	.089	566.332	10	.000
11	-.326	.088	579.951	11	.000
12	.262	.088	588.859	12	.000
13	-.203	.087	594.242	13	.000
14	.139	.087	596.802	14	.000
15	-.080	.087	597.653	15	.000
16	.016	.086	597.688	16	.000

a. El proceso subyacente asumido es la independencia (ruido blanco).
b. Basado en la aproximación chi cuadrado asintótica.

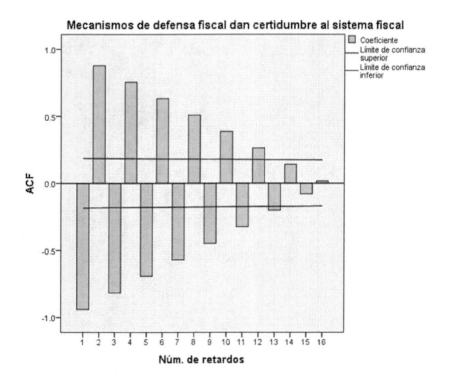

Autocorrelaciones parciales

Serie: Mecanismos de defensa fiscal dan certidumbre al sistema fiscal

Retardo	Autocorrelación parcial	Típ. Error
1	-.940	.094
2	-.063	.094
3	.000	.094
4	-.068	.094
5	-.001	.094
6	-.074	.094
7	-.002	.094
8	-.080	.094
9	-.003	.094
10	-.088	.094
11	-.004	.094
12	-.098	.094
13	-.006	.094
14	-.109	.094
15	-.008	.094
16	-.123	.094

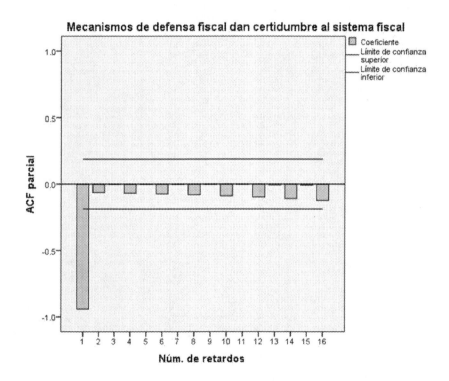

Ante requerimientos fiscales paga los impuestos y accesorios

Autocorrelaciones

Serie: Ante requerimientos fiscales paga los impuestos y accesorios

Retardo	Autocorrelación	Tip. Error[a]	Estadístico de Box-Ljung		
			Valor	gl	Sig.[b]
1	-.940	.092	103.488	1	.000
2	.877	.092	194.305	2	.000
3	-.817	.092	273.913	3	.000
4	.754	.091	342.266	4	.000
5	-.695	.091	400.784	5	.000
6	.631	.090	449.546	6	.000
7	-.572	.090	489.921	7	.000
8	.508	.090	522.126	8	.000
9	-.449	.089	547.475	9	.000
10	.385	.089	566.332	10	.000
11	-.326	.088	579.951	11	.000
12	.262	.088	588.859	12	.000
13	-.203	.087	594.242	13	.000
14	.139	.087	596.802	14	.000
15	-.080	.087	597.653	15	.000
16	.016	.086	597.688	16	.000

a. El proceso subyacente asumido es la independencia (ruido blanco).
b. Basado en la aproximación chi cuadrado asintótica.

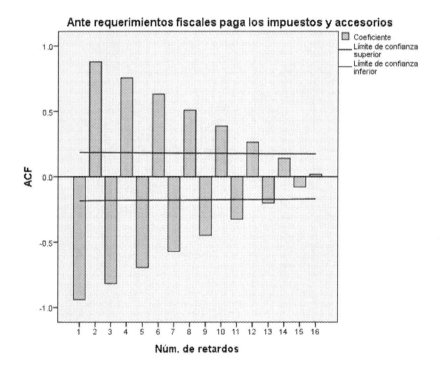

Ante requerimientos fiscales paga los impuestos y accesorios

Autocorrelaciones parciales

Serie: Ante requerimientos fiscales paga los impuestos y accesorios

Retardo	Autocorrelación parcial	Típ. Error
1	-.940	.094
2	-.063	.094
3	.000	.094
4	-.068	.094
5	-.001	.094
6	-.074	.094
7	-.002	.094
8	-.080	.094
9	-.003	.094
10	-.088	.094
11	-.004	.094
12	-.098	.094
13	-.006	.094
14	-.109	.094
15	-.008	.094
16	-.123	.094

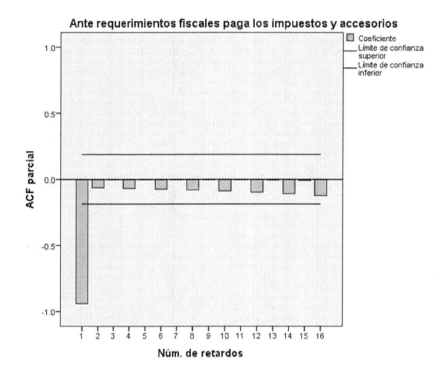

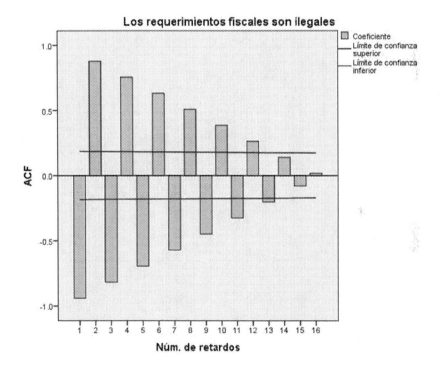

Autocorrelaciones parciales

Serie: Los requerimientos fiscales son ilegales

Retardo	Autocorrelación parcial	Típ. Error
1	-.940	.094
2	-.063	.094
3	.000	.094
4	-.068	.094
5	-.001	.094
6	-.074	.094
7	-.002	.094
8	-.080	.094
9	-.003	.094
10	-.088	.094
11	-.004	.094
12	-.098	.094
13	-.006	.094
14	-.109	.094
15	-.008	.094
16	-.123	.094

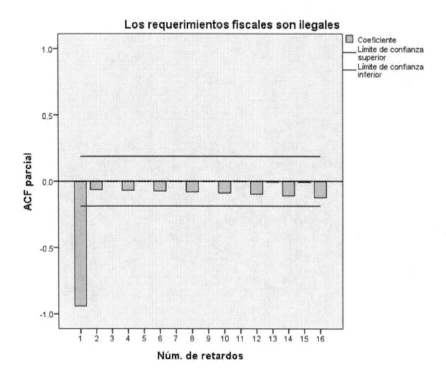

Ante requerimientos Ud. paga o activa mecanismos de defensa

Autocorrelaciones

Serie: Ante requerimientos Ud.paga o activa mecanismos de defensa

Retardo	Autocorrelación	Tip. Error[a]	Estadístico de Box-Ljung		
			Valor	gl	Sig.[b]
1	-.064	.092	.473	1	.492
2	-.769	.092	70.226	2	.000
3	-.142	.092	72.634	3	.000
4	.850	.091	159.400	4	.000
5	.055	.091	159.765	5	.000
6	-.663	.090	213.588	6	.000
7	-.216	.090	219.343	7	.000
8	.699	.090	280.316	8	.000
9	.173	.089	284.098	9	.000
10	-.557	.089	323.602	10	.000
11	-.289	.088	334.355	11	.000
12	.549	.088	373.382	12	.000
13	.292	.087	384.524	13	.000
14	-.452	.087	411.513	14	.000
15	-.363	.087	429.117	15	.000
16	.398	.086	450.515	16	.000

a. El proceso subyacente asumido es la independencia (ruido blanco).
b. Basado en la aproximación chi cuadrado asintótica.

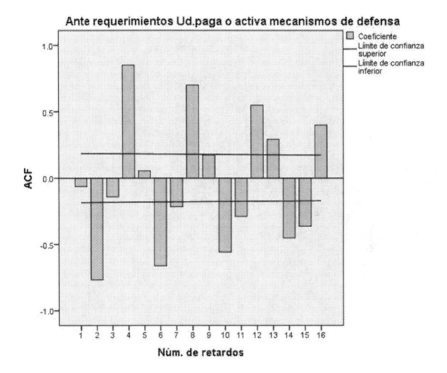

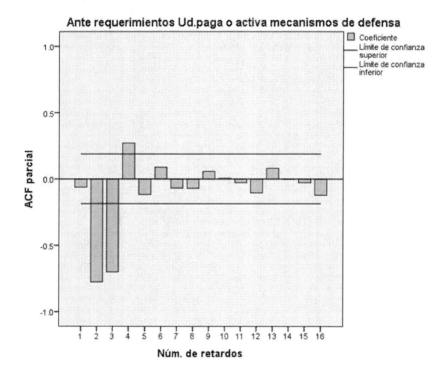

Ante requerimientos Ud.paga o activa mecanismos de defensa

Autocorrelaciones

Serie: Mecanismos de defensa activados

Retardo	Autocorrelación	Típ. Error[a]	Estadístico de Box-Ljung		
			Valor	gl	Sig.[b]
1	-.064	.092	.473	1	.492
2	-.769	.092	70.226	2	.000
3	-.142	.092	72.634	3	.000
4	.850	.091	159.400	4	.000
5	.055	.091	159.765	5	.000
6	-.663	.090	213.588	6	.000
7	-.216	.090	219.343	7	.000
8	.699	.090	280.316	8	.000
9	.173	.089	284.098	9	.000
10	-.557	.089	323.602	10	.000
11	-.289	.088	334.355	11	.000
12	.549	.088	373.382	12	.000
13	.292	.087	384.524	13	.000
14	-.452	.087	411.513	14	.000
15	-.363	.087	429.117	15	.000
16	.398	.086	450.515	16	.000

a. El proceso subyacente asumido es la independencia (ruido blanco).
b. Basado en la aproximación chi cuadrado asintótica.

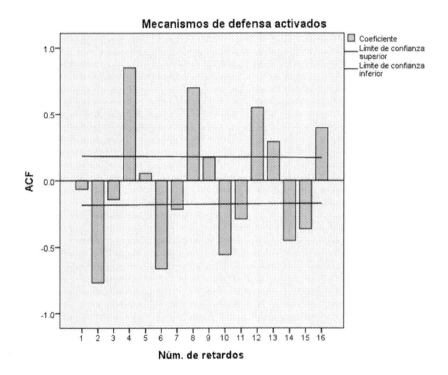

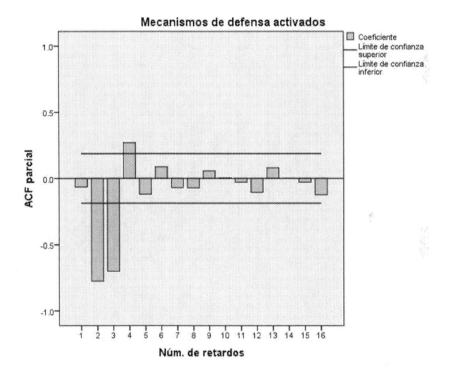

La activacion de mecamismos de defensa fiscal ocasionan detrimento

Autocorrelaciones

Serie: la activacion de mecamismos de defensa fiscal ocasionan detrimento

Retardo	Autocorrelación	Tip. Error[a]	Estadístico de Box-Ljung		
			Valor	gl	Sig.[b]
1	-.940	.092	103.488	1	.000
2	.877	.092	194.305	2	.000
3	-.817	.092	273.913	3	.000
4	.754	.091	342.266	4	.000
5	-.695	.091	400.784	5	.000
6	.631	.090	449.546	6	.000
7	-.572	.090	489.921	7	.000
8	.508	.090	522.126	8	.000
9	-.449	.089	547.475	9	.000
10	.385	.089	566.332	10	.000
11	-.326	.088	579.951	11	.000
12	.262	.088	588.859	12	.000
13	-.203	.087	594.242	13	.000
14	.139	.087	596.802	14	.000
15	-.080	.087	597.653	15	.000
16	.016	.086	597.688	16	.000

a.   El proceso subyacente asumido es la independencia (ruido blanco).
b.   Basado en la aproximación chi cuadrado asintótica.

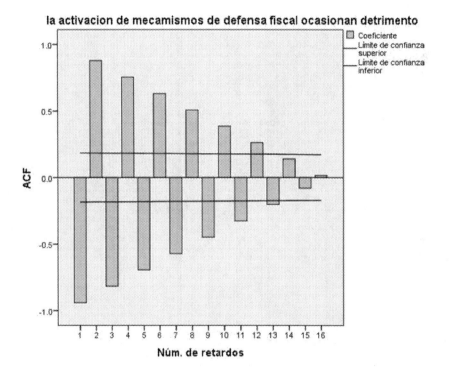

Autocorrelaciones parciales

Serie: la activacion de mecamismos de defensa fiscal ocasionan detrimento

Retardo	Autocorrelación parcial	Típ. Error
1	-.940	.094
2	-.063	.094
3	.000	.094
4	-.068	.094
5	-.001	.094
6	-.074	.094
7	-.002	.094
8	-.080	.094
9	-.003	.094
10	-.088	.094
11	-.004	.094
12	-.098	.094
13	-.006	.094
14	-.109	.094
15	-.008	.094
16	-.123	.094

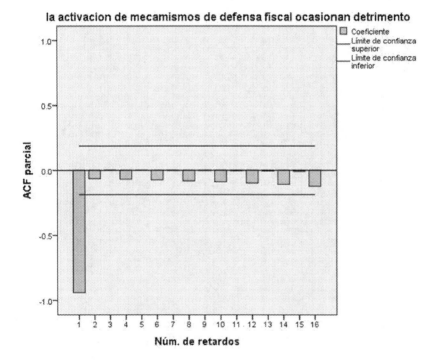

Razones de activacion de mecanismos de defensa

Autocorrelaciones

Serie: Razones de activacion de mecanismos de defensa

Retardo	Autocorrelación	Tip. Error[a]	Estadístico de Box-Ljung		
			Valor	gl	Sig.[b]
1	-.064	.092	.473	1	.492
2	-.769	.092	70.226	2	.000
3	-.142	.092	72.634	3	.000
4	.850	.091	159.400	4	.000
5	.055	.091	159.765	5	.000
6	-.663	.090	213.588	6	.000
7	-.216	.090	219.343	7	.000
8	.699	.090	280.316	8	.000
9	.173	.089	284.098	9	.000
10	-.557	.089	323.602	10	.000
11	-.289	.088	334.355	11	.000
12	.549	.088	373.382	12	.000
13	.292	.087	384.524	13	.000
14	-.452	.087	411.513	14	.000
15	-.363	.087	429.117	15	.000
16	.398	.086	450.515	16	.000

a. El proceso subyacente asumido es la independencia (ruido blanco).
b. Basado en la aproximación chi cuadrado asintótica.

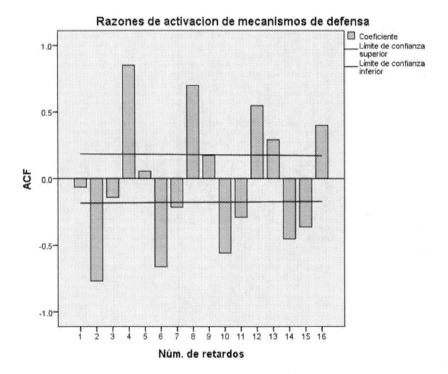

Razones de activacion de mecanismos de defensa

Autocorrelaciones parciales

Serie: Razones de activacion de mecanismos de defensa

Retardo	Autocorrelación parcial	Típ. Error
1	-.064	.094
2	-.776	.094
3	-.702	.094
4	.270	.094
5	-.119	.094
6	.088	.094
7	-.069	.094
8	-.071	.094
9	.057	.094
10	.004	.094
11	-.029	.094
12	-.105	.094
13	.080	.094
14	-.001	.094
15	-.029	.094
16	-.124	.094

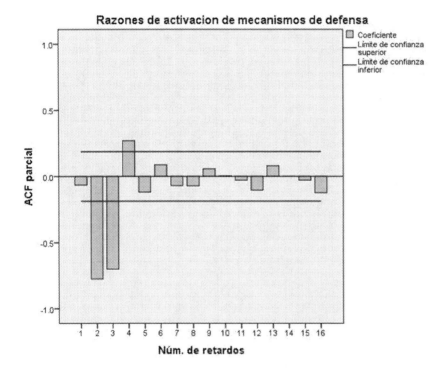

Los mecanismos de defensa fiscal los considero

Autocorrelaciones

Serie: Los mecanismos de defensa fiscal los considero

Retardo	Autocorrelación	Típ. Error[a]	Estadístico de Box-Ljung		
			Valor	gl	Sig.[b]
1	-.026	.092	.079	1	.779
2	-.780	.092	71.918	2	.000
3	-.175	.092	75.577	3	.000
4	.855	.091	163.412	4	.000
5	.088	.091	164.358	5	.000
6	-.678	.090	220.674	6	.000
7	-.246	.090	228.175	7	.000
8	.710	.090	290.981	8	.000
9	.202	.089	296.145	9	.000
10	-.576	.089	338.382	10	.000
11	-.317	.088	351.322	11	.000
12	.564	.088	392.606	12	.000
13	.317	.087	405.737	13	.000
14	-.475	.087	435.511	14	.000
15	-.389	.087	455.680	15	.000
16	.419	.086	479.378	16	.000

a. El proceso subyacente asumido es la independencia (ruido blanco).
b. Basado en la aproximación chi cuadrado asintótica.

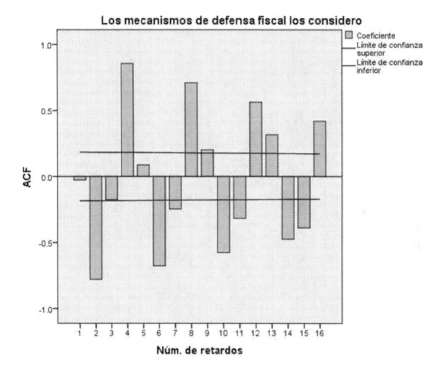

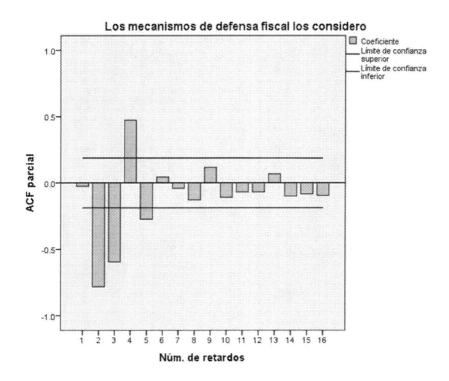

Paga sus impuestos de acuerdo a su actividad

Autocorrelaciones

Serie: Paga sus impuestos de acuerdo a su actividad

Retardo	Autocorrelación	Típ. Error[a]	Estadístico de Box-Ljung		
			Valor	gl	Sig.[b]
1	-.940	.092	103.488	1	.000
2	.877	.092	194.305	2	.000
3	-.817	.092	273.913	3	.000
4	.754	.091	342.266	4	.000
5	-.695	.091	400.784	5	.000
6	.631	.090	449.546	6	.000
7	-.572	.090	489.921	7	.000
8	.508	.090	522.126	8	.000
9	-.449	.089	547.475	9	.000
10	.385	.089	566.332	10	.000
11	-.326	.088	579.951	11	.000
12	.262	.088	588.859	12	.000
13	-.203	.087	594.242	13	.000
14	.139	.087	596.802	14	.000
15	-.080	.087	597.653	15	.000
16	.016	.086	597.688	16	.000

a. El proceso subyacente asumido es la independencia (ruido blanco).
b. Basado en la aproximación chi cuadrado asintótica.

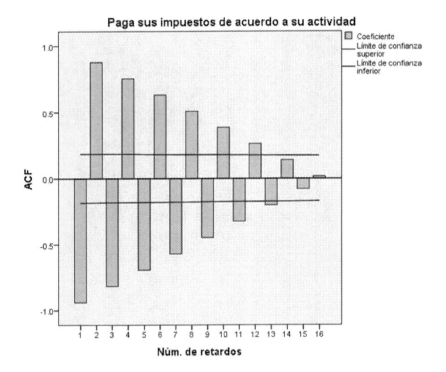

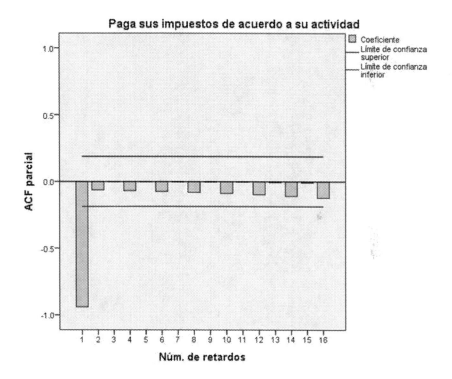

Los requerimientos fiscales le ocasionan deterioro patrimonial

Autocorrelaciones

Serie: Los requerimientos fiscales le ocasionan deterioro patrimonial

Retardo	Autocorrelación	Típ. Error[a]	Estadístico de Box-Ljung		
			Valor	gl	Sig.[b]
1	-.940	.092	103.488	1	.000
2	.877	.092	194.305	2	.000
3	-.817	.092	273.913	3	.000
4	.754	.091	342.266	4	.000
5	-.695	.091	400.784	5	.000
6	.631	.090	449.546	6	.000
7	-.572	.090	489.921	7	.000
8	.508	.090	522.126	8	.000
9	-.449	.089	547.475	9	.000
10	.385	.089	566.332	10	.000
11	-.326	.088	579.951	11	.000
12	.262	.088	588.859	12	.000
13	-.203	.087	594.242	13	.000
14	.139	.087	596.802	14	.000
15	-.080	.087	597.653	15	.000
16	.016	.086	597.688	16	.000

a.   El proceso subyacente asumido es la independencia (ruido blanco).
b.   Basado en la aproximación chi cuadrado asintótica.

Los requerimientos fiscales le ocasionan deterioro patrimonial

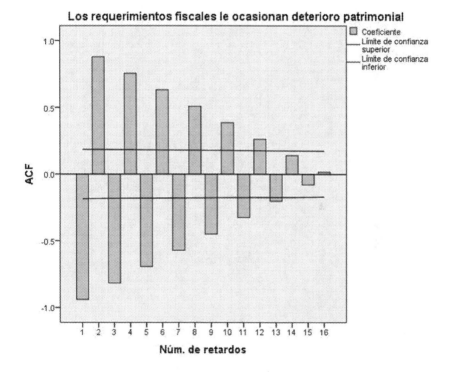

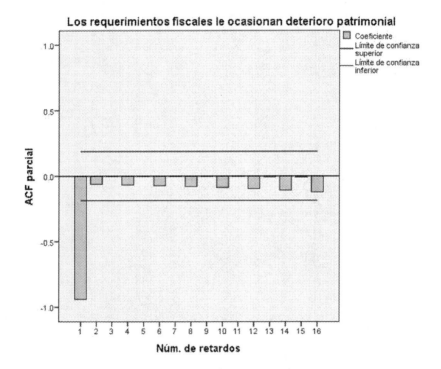

Los requerimientos fiscales le ocasionan deterioro patrimonial

Mecanismos de defensa fiscal dan certidumbre al sistema fiscal

Autocorrelaciones

Serie: Mecanismos de defensa fiscal dan certidumbre al sistema fiscal

Retardo	Autocorrelación	Típ. Error[a]	Estadístico de Box-Ljung		
			Valor	gl	Sig.[b]
1	-.940	.092	103.488	1	.000
2	.877	.092	194.305	2	.000
3	-.817	.092	273.913	3	.000
4	.754	.091	342.266	4	.000
5	-.695	.091	400.784	5	.000
6	.631	.090	449.546	6	.000
7	-.572	.090	489.921	7	.000
8	.508	.090	522.126	8	.000
9	-.449	.089	547.475	9	.000
10	.385	.089	566.332	10	.000
11	-.326	.088	579.951	11	.000
12	.262	.088	588.859	12	.000
13	-.203	.087	594.242	13	.000
14	.139	.087	596.802	14	.000
15	-.080	.087	597.653	15	.000
16	.016	.086	597.688	16	.000

a. El proceso subyacente asumido es la independencia (ruido blanco).
b. Basado en la aproximación chi cuadrado asintótica.

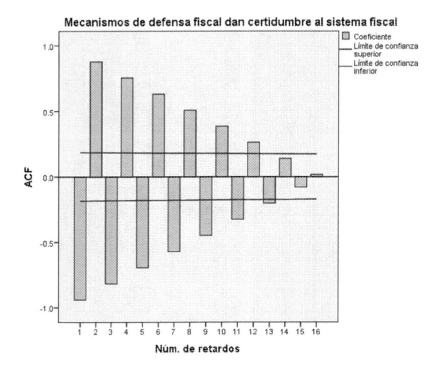

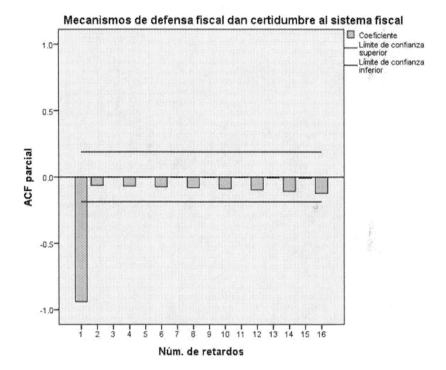

Mecanismos de defensa fiscal dan certidumbre al sistema fiscal

nte requerimientos fiscales paga los impuestos y accesorios

Autocorrelaciones

Serie: Ante requerimientos fiscales paga los impuestos y accesorios

Retardo	Autocorrelación	Típ. Error[a]	Estadístico de Box-Ljung		
			Valor	gl	Sig.[b]
1	-.940	.092	103.488	1	.000
2	.877	.092	194.305	2	.000
3	-.817	.092	273.913	3	.000
4	.754	.091	342.266	4	.000
5	-.695	.091	400.784	5	.000
6	.631	.090	449.546	6	.000
7	-.572	.090	489.921	7	.000
8	.508	.090	522.126	8	.000
9	-.449	.089	547.475	9	.000
10	.385	.089	566.332	10	.000
11	-.326	.088	579.951	11	.000
12	.262	.088	588.859	12	.000
13	-.203	.087	594.242	13	.000
14	.139	.087	596.802	14	.000
15	-.080	.087	597.653	15	.000
16	.016	.086	597.688	16	.000

a.   El proceso subyacente asumido es la independencia (ruido blanco).
b.   Basado en la aproximación chi cuadrado asintótica.

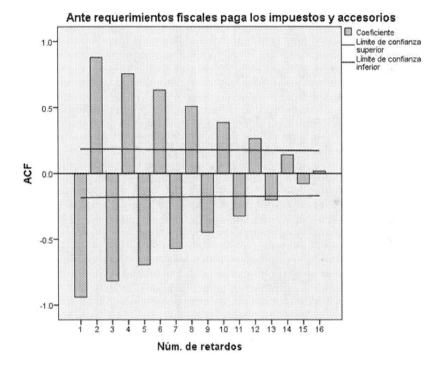

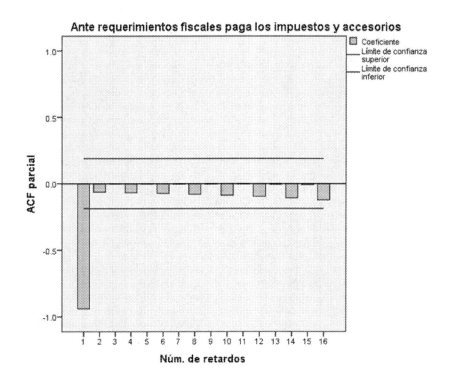

Ante requerimientos fiscales paga los impuestos y accesorios

Los requerimientos fiscales son ilegales

Autocorrelaciones

Serie: Los requerimientos fiscales son ilegales

Retardo	Autocorrelación	Típ. Error[a]	Estadístico de Box-Ljung		
			Valor	gl	Sig.[b]
1	-.940	.092	103.488	1	.000
2	.877	.092	194.305	2	.000
3	-.817	.092	273.913	3	.000
4	.754	.091	342.266	4	.000
5	-.695	.091	400.784	5	.000
6	.631	.090	449.546	6	.000
7	-.572	.090	489.921	7	.000
8	.508	.090	522.126	8	.000
9	-.449	.089	547.475	9	.000
10	.385	.089	566.332	10	.000
11	-.326	.088	579.951	11	.000
12	.262	.088	588.859	12	.000
13	-.203	.087	594.242	13	.000
14	.139	.087	596.802	14	.000
15	-.080	.087	597.653	15	.000
16	.016	.086	597.688	16	.000

a. El proceso subyacente asumido es la independencia (ruido blanco).
b. Basado en la aproximación chi cuadrado asintótica.

Autocorrelaciones parciales

Serie: Los requerimientos fiscales son ilegales

Retardo	Autocorrelación parcial	Típ. Error
1	-.940	.094
2	-.063	.094
3	.000	.094
4	-.068	.094
5	-.001	.094
6	-.074	.094
7	-.002	.094
8	-.080	.094
9	-.003	.094
10	-.088	.094
11	-.004	.094
12	-.098	.094
13	-.006	.094
14	-.109	.094
15	-.008	.094
16	-.123	.094

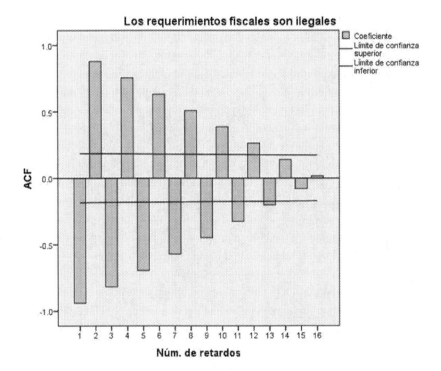

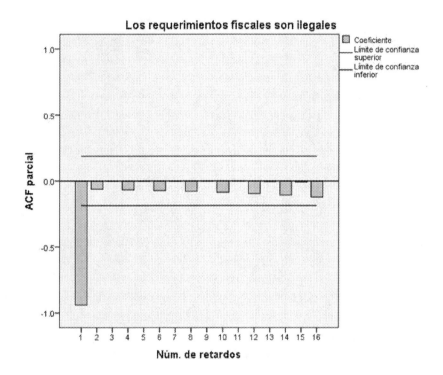

Los requerimientos fiscales son ilegales

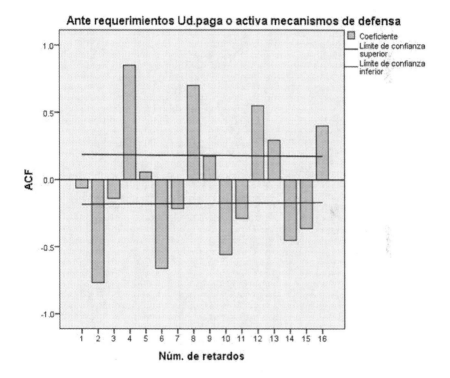

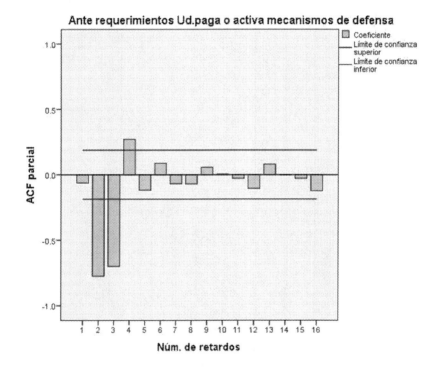

Mecanismos de defensa activados

Autocorrelaciones

Serie: Mecanismos de defensa activados

Retardo	Autocorrelación	Típ. Error[a]	Estadístico de Box-Ljung		
			Valor	gl	Sig.[b]
1	-.064	.092	.473	1	.492
2	-.769	.092	70.226	2	.000
3	-.142	.092	72.634	3	.000
4	.850	.091	159.400	4	.000
5	.055	.091	159.765	5	.000
6	-.663	.090	213.588	6	.000
7	-.216	.090	219.343	7	.000
8	.699	.090	280.316	8	.000
9	.173	.089	284.098	9	.000
10	-.557	.089	323.602	10	.000
11	-.289	.088	334.355	11	.000
12	.549	.088	373.382	12	.000
13	.292	.087	384.524	13	.000
14	-.452	.087	411.513	14	.000
15	-.363	.087	429.117	15	.000
16	.398	.086	450.515	16	.000

a. El proceso subyacente asumido es la independencia (ruido blanco).
b. Basado en la aproximación chi cuadrado asintótica.

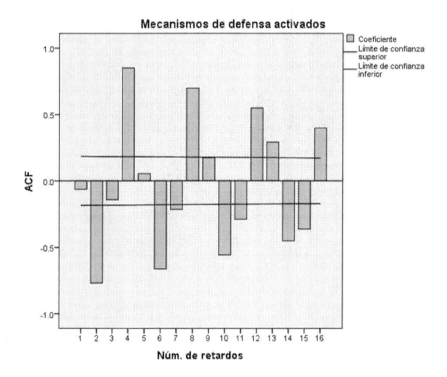

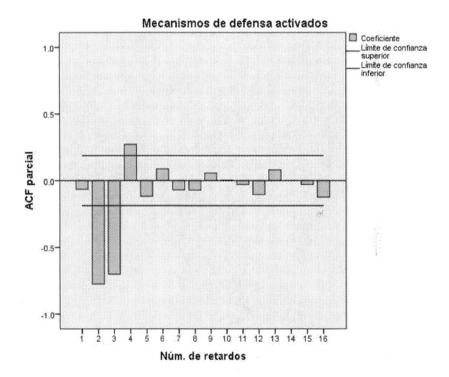

laactivacion de mecamismos de defensa fiscal ocasionan detrimento

Autocorrelaciones

Serie: la activacion de mecamismos de defensa fiscal ocasionan detrimento

Retardo	Autocorrelación	Típ. Error[a]	Estadístico de Box-Ljung		
			Valor	gl	Sig.[b]
1	-.940	.092	103.488	1	.000
2	.877	.092	194.305	2	.000
3	-.817	.092	273.913	3	.000
4	.754	.091	342.266	4	.000
5	-.695	.091	400.784	5	.000
6	.631	.090	449.546	6	.000
7	-.572	.090	489.921	7	.000
8	.508	.090	522.126	8	.000
9	-.449	.089	547.475	9	.000
10	.385	.089	566.332	10	.000
11	-.326	.088	579.951	11	.000
12	.262	.088	588.859	12	.000
13	-.203	.087	594.242	13	.000
14	.139	.087	596.802	14	.000
15	-.080	.087	597.653	15	.000
16	.016	.086	597.688	16	.000

a.　El proceso subyacente asumido es la independencia (ruido blanco).
b.　Basado en la aproximación chi cuadrado asintótica.

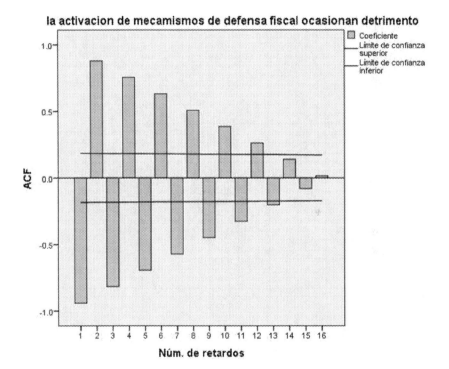

la activacion de mecamismos de defensa fiscal ocasionan detrimento

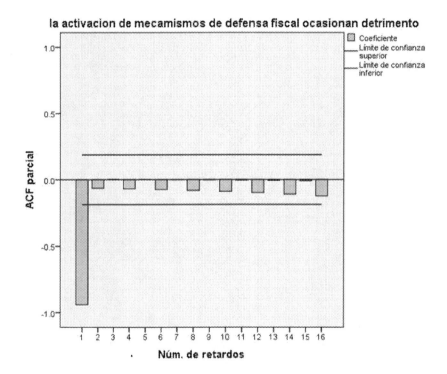

la activacion de mecamismos de defensa fiscal ocasionan detrimento

Razones de activación de mecanismos de defensa

Autocorrelaciones

Serie: Razones de activacion de mecanismos de defensa

Retardo	Autocorrelación	Típ. Error[a]	Estadístico de Box-Ljung		
			Valor	gl	Sig.[b]
1	-.064	.092	.473	1	.492
2	-.769	.092	70.226	2	.000
3	-.142	.092	72.634	3	.000
4	.850	.091	159.400	4	.000
5	.055	.091	159.765	5	.000
6	-.663	.090	213.588	6	.000
7	-.216	.090	219.343	7	.000
8	.699	.090	280.316	8	.000
9	.173	.089	284.098	9	.000
10	-.557	.089	323.602	10	.000
11	-.289	.088	334.355	11	.000
12	.549	.088	373.382	12	.000
13	.292	.087	384.524	13	.000
14	-.452	.087	411.513	14	.000
15	-.363	.087	429.117	15	.000
16	.398	.086	450.515	16	.000

a. El proceso subyacente asumido es la independencia (ruido blanco).
b. Basado en la aproximación chi cuadrado asintótica.

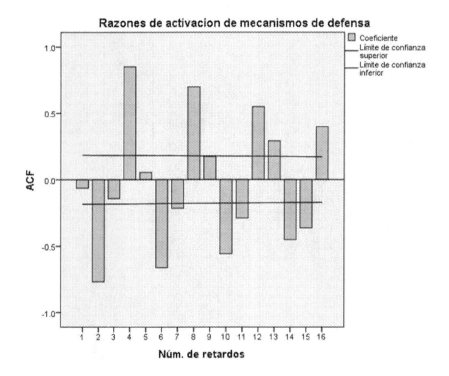

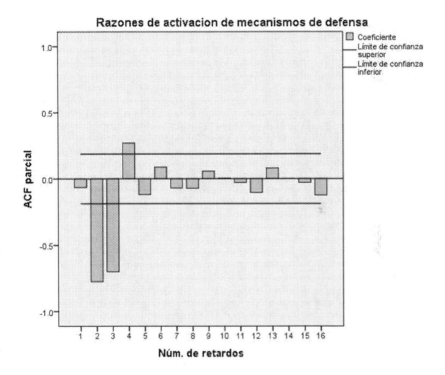

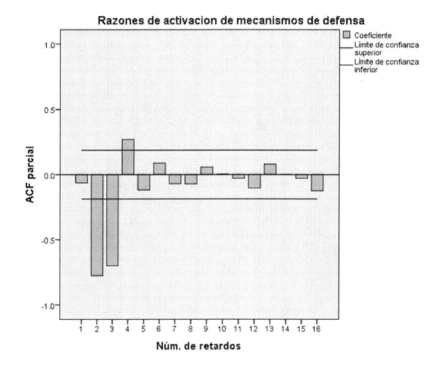

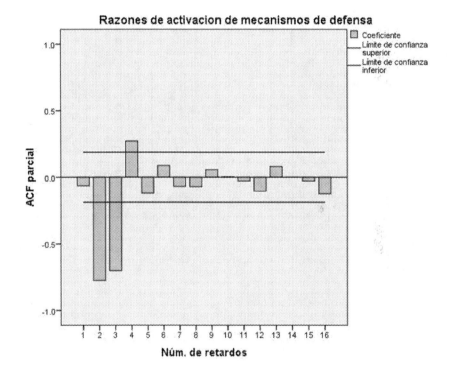

Autocorrelaciones

Serie: Los mecanismos de defensa fiscal los considero

Retardo	Autocorrelación	Típ. Error[a]	Estadístico de Box-Ljung		
			Valor	gl	Sig.[b]
1	-.026	.092	.079	1	.779
2	-.780	.092	71.918	2	.000
3	-.175	.092	75.577	3	.000
4	.855	.091	163.412	4	.000
5	.088	.091	164.358	5	.000
6	-.678	.090	220.674	6	.000
7	-.246	.090	228.175	7	.000
8	.710	.090	290.981	8	.000
9	.202	.089	296.145	9	.000
10	-.576	.089	338.382	10	.000
11	-.317	.088	351.322	11	.000
12	.564	.088	392.606	12	.000
13	.317	.087	405.737	13	.000
14	-.475	.087	435.511	14	.000
15	-.389	.087	455.680	15	.000
16	.419	.086	479.378	16	.000

a. El proceso subyacente asumido es la independencia (ruido blanco).
b. Basado en la aproximación chi cuadrado asintótica.

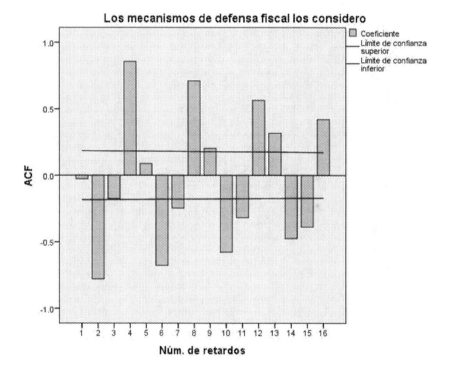

Autocorrelaciones parciales

Serie: Los mecanismos de defensa fiscal los considero

Retardo	Autocorrelación parcial	Típ. Error
1	-.026	.094
2	-.781	.094
3	-.594	.094
4	.473	.094
5	-.273	.094
6	.045	.094
7	-.041	.094
8	-.127	.094
9	.117	.094
10	-.109	.094
11	-.069	.094
12	-.069	.094
13	.068	.094
14	-.100	.094
15	-.084	.094
16	-.095	.094

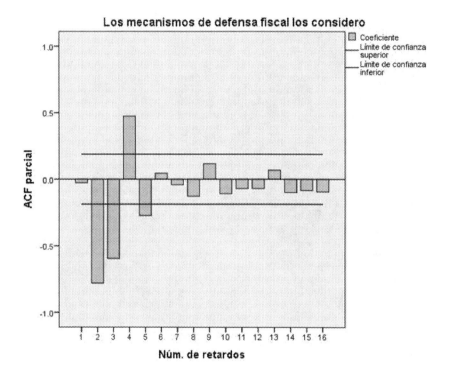

Gráfico SP

Notas

Resultados creados		02-DEC-2013 22:45:13
Comentarios		
Entrada	Datos	C:\Users\SAMSUNG\Documents\M1 2 R2\114 muestra r2 02dic2013.sav
	Conjunto de datos activo	Conjunto_de_datos0
	Filtro	<ninguno>
	Peso	<ninguno>
	Dividir archivo	<ninguno>
	Núm. de filas del archivo de trabajo	114
Sintaxis		SPCHART
		/IR=VAR00006 BY VAR00004
		/RULES=All
		/ID=VAR00007
		/SPAN=2
		/SIGMAS=3.
Recursos	Tiempo de procesador	00:00:00.39
	Tiempo transcurrido	00:00:00.47

Advertencia

Las reglas TRUP, TRDOWN y ALTERNATING no se aplican al gráfico RM. Sólo se utilizaban para el gráfico Ejecutar.

Gráfico de control: Activar mecanismos de defensa fiscal ocasionan detrimento

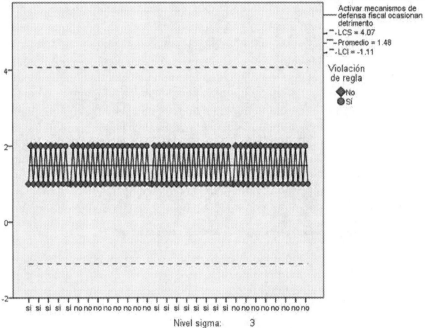

Activar mecanismos de
defensa fiscal ocasionan
detrimento
⎯·LCS = 4.07
⎯·Promedio = 1.48
⎯·LCI = -1.11

Violación
de regla

◆ No
● Sí

si si si si si no no no no no no no no no si si si si si si si no no no no no no no no no

Nivel sigma: 3

Gráfico de control: Activar mecanismos de defensa fiscal ocasionan detrimento

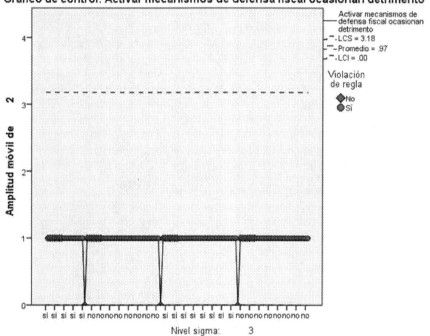

11

Conclusiones y recomendaciones

a)   Reporte sobre la verificación de la hipótesis.

Derivado de nuestra investigación cuantitativa, en esta primera etapa, concluimos que aceptamos la hipótesis de investigación propuesta, en virtud de que el coeficiente de correlación (1.00) de las variables en estudio así lo demuestra, ya que existe, correlación directa entre el cumplimiento de las obligaciones fiscales y los actos de molestia de la autoridad y la activación de mecanismos de defensa, ocasionando con ello detrimento del patrimonio del sujeto pasivo.

Así, desechamos la hipótesis nula, como la alterna, en virtud de los coeficientes de correlación para ambos planteamientos hipotéticos son no significativas (0.0002).

Derivado de los resultados de estadística descriptiva obtenidos en nuestra investigación cuantitativa, podemos concluir que, más de la mitad de las empresas (51%) consideran que la activación de mecanismos de defensa, generan detrimento a su patrimonio. Se cumplió con el objetivo general y los objetivos específicos planteados en la investigación propuesta.

Así, las preguntas de investigación, mismas que orientaros la investigación propuesta, se han contestado integrante.

b)   Sugerencias y recomendaciones para investigaciones posteriores.

1.- Realizar prueba piloto del instrumento de medición propuesto, con el objeto de agotar las definiciones conceptuales y operacionales.

2.- Con la aplicación de la prueba piloto, rediseñar el instrumento de medición, validando su grado de confiabilidad y validez, comprobando estadísticamente su grado de aceptabilidad.

3.- Definir y agotar el universo de definiciones conceptuales y operacionales que permitan evaluar el diseño de instrumentos de medición complementario a nuestro planteamiento hipotético al propuesto, para su validación.

12

Aportaciones

Las aportaciones que destacamos derivado de nuestro alcance de investigación, exploratoria, en primera instancia, y descriptiva en su segunda etapa; son las siguientes:

1.- Describimos cuantitativamente, los fenómenos sociales, derivado de la activación de diversos mecanismos de defensa fiscal, expresados en la afectación económica hacia el contribuyente. La activación de mecanismos de defensa, "ocasionan menoscabo del patrimonio de los contribuyentes".

2.- Describimos, el grado de incertidumbre del sistema normativo mexicano, derivado de los actos de molestia, que el Estado, canaliza hacia sectores de la sociedad que cumplen con sus obligaciones fiscales, y que no obstante, realizar actividades licitas, son víctimas de persecución fiscal ocasionando con ello, desconfianza en las autoridades fiscales, en los órganos del Estado mexicano.

3.- La correlación cuantitativa descrita, entre el pago de impuestos y el detrimento económico del contribuyente, ante la activación de mecanismos de defensa administrativos, demuestra entre otros aspectos; a) la imperfección de los sistemas de control fiscal del Estados, en virtud de que las diversas estrategias fiscales, son inoperantes al ocasionar "molestia" a quienes cumplen con su obligación constitucional, lastimando a la vez su patrimonio; b) Dicha correlación, fomenta desconfianza en los contribuyentes en dos direcciones;1) La ineficiencia de los sistemas de control y supervisan, y 2) la imperfección del sistema normativo mexicano, en su función de recaudador de impuestos.

4.- Consideramos que una aportación relevante, es la construcción teórico - empírica de un *"concepto operativo"* de *"mecanismos de defensa"* a la luz del marco normativo mexicano. Realizamos una aproximación es su construcción, con una visión, teórico institucional. Dicho concepto empírico, dará lugar a su perfeccionamiento, mismo que arrojara elementos para dimensionar con mayor precisión la gama de mecanismos de defensa previstos en la norma mexicana y por lo tanto coadyuvara en la solución y perfeccionamiento de sistema fiscal mexicano;

Su aplicación empírica, contribuirá en dos vertientes;1) perfeccionamiento del sistema fiscal mexicano y 2) activar el principio de equidad e igualdad previsto en la Constitución política de los Estados Unidos Mexicanos.

13

Bibliografía

Anónimo. (s.f.). Recuperado el 02 de agosto de 2013, de http://catarina.udlap. mx/u_dl_a/tales/documentos/ledf/losson_r_o/capitulo4.pdf

Biblioteca UNAM. (29 de Julio de 2013). *Biblioteca UNAM*. Obtenido de http://biblio.juridicas.unam.mx/libros/1/469/2.pdf

Cámara de Diputados del H Congreso de la Unión. (28 de diciembre de 2006). Código fiscal de la federación. México, México, D.F., México, D.F.

Cámara de Diputados del H Congreso de la Unión. (02 de enero de 2013). *Cámara de Diputados*. Obtenido de http//canmaradediputados.gob.mx

Carbonell, M. (2000). *Diccionario de derecho constitucional*. México, D.F.: Ediciones Porrua.

Diputados, C. d. (01 de enero de 2013). *Resolución miscelánea*. Obtenido de www.camara de diputados.gob.mx

Gonzalvo, G. (1978). *Diccionario de metodología estadística*. España, Madrid: Ediciones Morata S.A.

Hernández, R. Fernández, Baptista, P. (2012). Metodología de la Investigación 5ta Edición. En *Planteamiento del Problema* (págs. 1-45). Méxcio, D.F.: McGraw-Hill.

JURÍDICAS, I. D. (02 de enero de 2010). *Jurídica*. Obtenido de juricas: www.jurícas.unam.mx/publica/rev/indice.htm?r=hisder&n=11

Ley de Seguridad Social. (18 de diciembre de 2005). Ley de Seguridad Social. México, D.F.

Manual Moderno. (2001). *Manual de estilo de publicaciones de la American Psychological Association*. México, D.F.: manual moderno.

Medina, A. (s.f.). *Defensa fiscal*. Obtenido de http://media.wix.com/ ugd/56f2f5_b1de4951a1f421ba5c2a0268749d7341.pdf

México, C. D. (18 de Julio de 2013). *CCPM*. Obtenido de Colegio de Contadores Públicos de México:
http://www.ccpm.org.mx/avisos/boletines/boletin_fiscal12.pdf   Nueva   Ley de los derechos de los Contribuyentes (24 de junio de 2016). Pérez, J. y. (2013). *Taller de prácticas fiscales*. México, D.F.: tax. PRODECON. (s.f.). *PRODECON*. Obtenido de www.prodecon.gog.mx
Suprema Corte de justicia de la Nación. (22 de junio de 2013). *Suprema corte*. Obtenido de Suprema corte:
www.scjn.gob.mx/paginas/tesis.aspx

UNAM. (11 de agosto de 2013). *ejournal*. Obtenido de ejurnal: http://www.ejournal.unam.mx/ehn/ehn02/EHN00201.pdf

"Ley, C. d. (2007). Colegio de Contadores Públicos de México. Instituto Mexicano de Contadores Públicos. (2007). "Ley. México.

Atwood, R. (1996). Diccionario Jurídico. En R. Atwood, *Diccionario Jurídico* (págs. 168,220.). México, D.F.: Libreria del Abogado.
Cámara de Diputados. (25 de enero de 2014). *Cámara de Diputados*. Obtenido de Cámara de Diputados:
http://transparencia.info.jalisco.gob.mx/sites/default/files/Ley%20del%20 Impuesto%20al%20Valor%20Agregado.pdf

Cámara de Diputados del H, Congreso de la Unión. (23 de sep. de 2013). *ieu*. Obtenido de ieu:
www.ieu.edu.mx

CÁMARA DE DIPUTADOS DEL H. CONGRESO DE LA UNIÓN. (07 de diciembre de 2009). CODIGO FISCAL DE LA FEDERACIÓN. *CODIGO FISCAL DE LA FEDERACIÓN.* México, D.F., México, D.F., México: Diario Oficial de la Federación.

Cámara de Diputados H, Congreso de la Unión. (05 de no. de 2913). *Cámara de Diputados.* Obtenido de http://www.idconline.com.mx/fiscal/legislacion-fiscal/RCFF.pdf

CONADEVI. (23 de SEP de 2013). *CONADEVI.* Obtenido de CONADEVI: www.conadevi.org.mx

CONGRESO, H. L. (4 de Diciembre de 2008). CODIGO FISCAL DEL ESTADO DE MEXICO Y MUNICIPIOS 1999. *CODIGO FISCAL DEL ESTADO DE MEXICO Y MUNICIPIOS 1999.* Toluca de Lerdo de México, México, Toluca de Lerdo, México: Diario Oficial del Estado de México.

Dirección General de Aduanas. (01 de abril de 2011). Obtenido de http://www.ccpci.economia.gob.mx/swb/work/models/ccpci/Resource/16/documentos/2011/segunda/DOCUMENTACION/ventanillaUnicaCEM_070411.pdf

FISCALIA. (s.f.). *fiscalia.* Recuperado el 3 de sep. de 2013, de http://www.fiscalia.com/modules.php?name=Foros&sop=verTopico&idTema=16168&idCat=11&p=1#91375

Hernández, R. (2010). Metodología de la Investigación. En R. Hernández, *Metodología de la Investigación* (pág. 225). México, D.F.: McGraw-Hill.

IEU. (06 de noviembre de 2013). APUNTES SESION ONLINE. *GARANTIS FISCALES.* Puebla, Puebla, México: IEU.

Internacional, A. y. (21 de marzo de 2014). *Aduana.* Obtenido de http://www.comercioyaduanas.com.mx/comoimportar/importaciondevehiculos/228-importacion- vehículos-franja-fronteriza-México

Ley de Seguridad Social. (18 de diciembre de 2005). Ley de Seguridad Social. México, D.F.

NORMATIVIDAD ADUANERA RESPECTO A CONVENCIONES Y CONGRESOS INTERNACIONALES. (21 de Marzo de 2014). *IEU*. Obtenido de IEU: www.ieu.edu.mx

Orizaba, S. (2011). Diccionario Jurídico "El ABC del Derecho" Términos Jurídicos y Administrativos. En S. Orizaba. México, D.F.: SITSA.

Pérea, C. (2011). 2011. En *Personas Físicas que perciben ingresos por salarios* (pág. 285_305). México, D.F.: Editorial Taxx.

Prodecon. (16 de ENERO de 2014). *Prodecon*. Obtenido de www.prodecon. gob.mx

Reyes, R. (2011 5ta edición). Diccionario de Términos fiscales. En R. Reyes, *Diccionario de Términos fiscales* (págs. 263-259). México, D.F.: taxx.

SAT. (15 de ENERO de 2014). *SAT*. Obtenido de SAT: www.sat.gob.mx

SAT. (s.f.). Recuperado el 28 de abril de 2013, de http://www.sat.gob.mx/sitio_internet/e_sat/comprobantes_fiscales/15_15880.html
SECRETARIADE ECONOMIA. (30 de MARZO de 2002). *Programa de Monitoreo Específico a las Importaciones de Calzado de Origen Chino. México.* Obtenido de www.ieu.edu.mx

SPSS. (01 de DIC de 2013). SPSS. ALEMANIA.

UNION, C. D. (02 de enero de 2005). *Cámara de Diputados*. Obtenido de Cámara de Diputados: http://info4.juridicas.unam.mx/juslab/leylab/94/252.htm

UNION, C. D. (2007). Recuperado el 10 de mayo de 2013, de www.camara de diputados.org.mx

UNION, C. D. (2007). *www.camara de diputados*. Recuperado el 10 de mayo de 2013, de www.camara de diputados.org.mx

Unión, C. d. (10 de mayo de 2011). CODIGO FISCAL DE LA FEDERACION. México, D.F., México, D.F.: www.camaradediputados.org.mx.

Unión, C. d. (mayo de 2012). Impuesto Sobre la Renta. *LISR*. México, D.F.: www.camaradediputados.org.mx. Unión., C. d. (02 de junio de 1995). Ley del Seguro Social. *Ley del Seguro Social*. México, D.F.